Petits JARDINS actuels

はじめての小さな庭のつくり方

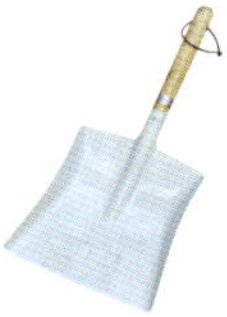

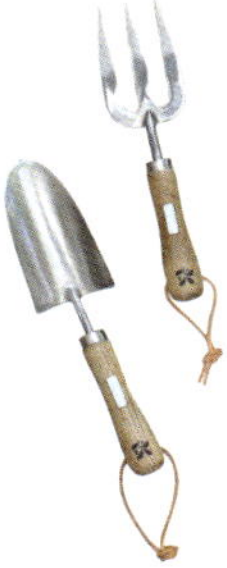

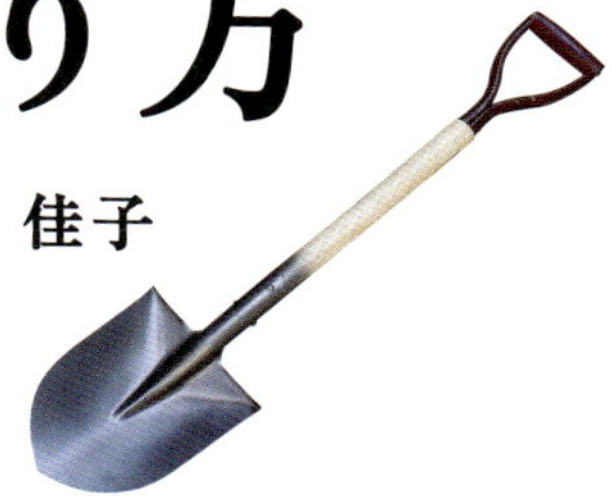

宇田川 佳子

はじめに

「がんばらないガーデニング」。

いつもそう思いながら、庭づくりと向き合っています。

もちろん、広いお庭や植物がたくさん置けるバルコニーがあり、
時間もたっぷりあればいいのですが、最近の住宅事情や現代人の忙しさを考えると、
夢のような庭づくりは、ますます厳しくなってきているように感じます。
あんまりがんばりすぎて、
かえってストレスになっているパターンも多く見受けられます。

広い庭やバルコニーがなくても、
わずかなスペースがあれば鉢を置くことができたり、
ほんの少しの土があれば種をまいたり苗を植えたりすることができます。

そんな、ちょっとした小さな庭づくりのコツを、
本書を通してお伝えできればと思います。
土に触れ、植物を植え、育っていく過程を楽しみながら、
日本の豊かな四季をあらためて実感していただけることでしょう。
私が提案する庭づくりの場所のほとんどが、
玄関まわりや家の外構など人目につきやすい場所です。
そんな場所で植物たちとつき合いを重ねることで、
お友達や近隣の方たちとのコミュニケーションのきっかけにもなればうれしいです。

宇田川佳子

本書の特徴

1

広い庭がなくても、
庭をつくることができる工夫や
アイディアが満載です。

2

環境に合う丈夫な植物で、
植え替えやお手入れにかける
時間を最小限に抑えた
ローメンテナンスガーデンを
提案しています。
初めての方でも
忙しい方でも持続可能です。

3

道具や材料は、初めての
庭づくりに必要な
最小限のものでご案内しています。

4

無農薬・有機栽培を基本にした
庭づくりなので、
小さなお子さまのいる家庭でも
安心してとりくんでいただけます。

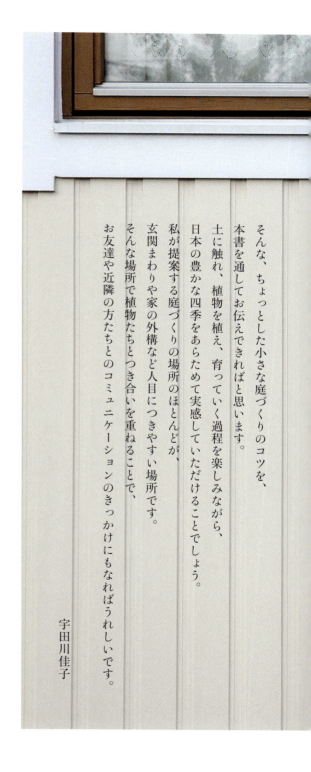

CONTENTS

【植物図鑑】

PART 4 初めての庭づくり

PART 5 ステップアップしながら、もっと楽しむ庭づくり

よく使う園芸用語（50音順）

【一年草（いちねんそう）】
種をまくと一年以内に開花し、種をつけて枯れていく植物。二年で枯れるものは二年草という。

【返り咲き】
花後、切り戻しをすると繰り返し花が咲く性質のこと。

【カラーリーフ】
美しい色や模様が入ったものなど、葉だけでも見映えのする植物。

【切り戻し】
植物を元気にしたり形を整えたりするために、伸びた茎を元気な脇芽の上で切ること。

【グラウンドカバー】
草丈が低く地面をおおうように広がる植物、または地面をほふくする植物。

【小径】
幅の狭い小さな道のこと。

【コンテナガーデン】
コンテナとは容器の意味。さまざまな鉢や器に植物を植え並べた庭のことをいう。

【シェードガーデン】
日陰や半日陰のスペースにつくった庭のこと。

【宿根草（しゅっこんそう）】
上部が枯れても根が土の中に残り続け、季節になると毎年開花する植物。

【植栽する】
庭に草花や樹木を植えること。

【四季咲き】
花後、切り戻しをすると繰り返し花が咲く性質のこと。「返り咲き」がちらほらと不定期に咲くのに対し、四季を通して比較的たくさん咲く。

【シンボルツリー】
家のシンボルとなるように庭に植えた木のこと。

【多年草（たねんそう）】
何年も花を咲かせ、冬でも葉が残っている植物のこと。常緑の宿根草ともいう。

【花柄摘み】
花柄とは咲き終わった花のこと。この花柄を花茎の位置で摘むことをいう。

【フォーカルポイント】
庭の中で視界の中心になる植物、または構造物など。

【ペイビング】
直訳すると舗装。庭ではレンガや石を敷くことをいう。

植物図鑑（P.56〜75）の見方

アークトチス（バーガンディ）（キク科）

冬 春 秋 夏

花期：4〜7月

草丈：20〜70cm
日照：ひなた　病害虫：強い
特徴：初夏から夏までよく咲き続け、シルバーがかった葉と花の咲く姿が美しい。高温多湿に注意して栽培地によっては一年草として扱う。

花名
一般的な流通名を記載しています。（　）内は別名。

花期
関東周辺の平野部を基準にした開花期の目安です。

科名
植物分類上の基本的な階級です。

草丈
その植物が生長したときの大きさの目安です。

日照
ひなた：1日4時間以上日が当たる
半日陰：1日3〜4時間日が当たる
日　陰：1日の日照が3時間以下

病害虫
強　い：生育環境にかかわらず病害虫に強い
ふつう：生育環境によっては病害虫にかかる場合もある

特徴
その植物について知っておいてほしい性質や育て方を解説しています。

PART 1

実例から学ぶ
ガーデンアイディア

工夫やアイディアがいっぱいの
実例をまずは学んでみましょう。
庭の広さも条件も
違うかもしれませんが、
役立つヒントがいっぱいあるはずです。

ほんのわずかなスペースを生かす

奥行き20cmの道端ガーデン

POINT※1

小さな庭でもつるバラは生長力が旺盛

モッコウバラは丈夫でトゲもなく扱いやすいのもポイントです。1本植えると大木をおおってしまうほど伸びることもあります。

POINT※2

レンガを
タテに差し込んで花壇に

道路と外壁の間約20cmの花壇は、レンガをタテに差し込んで、土を足しただけのシンプルな構造です。

POINT※3

たくましい雑草まで
花壇の一部に

道路際からたくましく生えてくるドクダミや、自然に増えてこぼれ咲く花などもとり入れることで、より自然な風景をつくり出します。

POINT※3

見せたくない部分を植物がカバー

家まわりで目立たせたくない、配管や排気口、ガスメーターなどを植物や構造物で上手にカバーしています。

小さいけれど豊かな庭。散歩コースにこの道を選ぶ人が増えているそうです。

テラス内に植えられているモッコウバラ。P.8のモッコウバラは、この枝を誘引しています。

無理をしない、欲張らない道端ボーダーガーデン

松尾邸

松尾邸は外塀のないオープン外構のつくりです。そのため、以前は、道路と家の間に生垣代わりのコニファーを6本植えていました。しかし、そのコニファーが枯れたり倒れたりしてしまったことから、思いきって木を抜いたのが15年前です。その後、道路の縁石の際で、レンガをタテにして並べて花壇の縁にして土を足し、中庭で鉢植えにしていたバラや季節の一年草や宿根草を植栽しました。花壇の奥行きは20cm程度。「広い花壇よりも手入れが楽で、季節ごとに、あれこれと迷いながら花を選んで植えるのを楽しんでいます」と奥様。自然に飛んできて根づいたドクダミやヒメツルソバも庭の大切な一部。小さな花園で育つ生き生きとした植物たちが、道行く人の心まで日々癒しています。

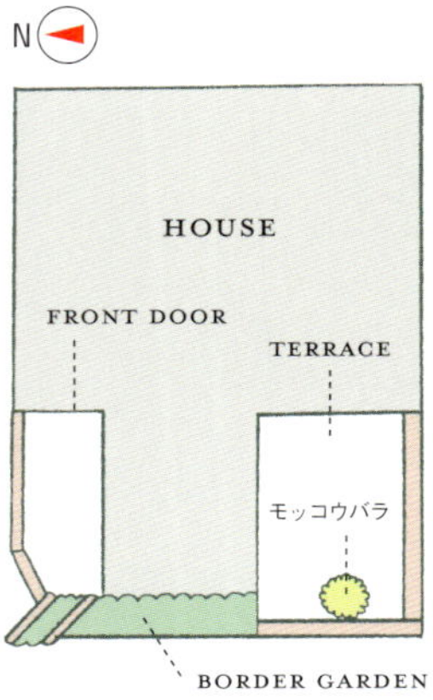

【この庭の特徴】

西側：外壁添いの奥行き20cmの花壇

日当たりの悪いスペースを生かす

半日陰の悪条件も克服

POINT※1

テーブルや棚で光の当たる庭をつくる

地面のないアプローチに小さなガーデンテーブルを置いて、大小さまざまな鉢に季節の草花を植えて。高い位置なので光も当たります。

自然に寄り添う家と庭

鈴木邸

鈴木さんご夫妻と娘さんが3人で暮らす、平家のアメリカンハウスは100平米ほどの広さです。庭は西側の壁面前の奥行き1mの花壇が中心。南側は賃貸住宅が立っているため、午後数時間しか日が当たらない半日陰ですが、植物好きの奥様が棚やテーブルの上に鉢を置いて楽しんでいます。北側は、光を求めて咲くつるバラを中心にした壁面の庭です。8年前に植えた植物たちが、今では窓辺を囲むほどに生長し、初夏の季節を愛らしく彩ります。「クレマチスのつるが部屋の中についに侵入し始めました。『花が咲くまでは切らないでいいね』と娘と楽しんでいます」と奥様。家も生き方も自然体。そんなご家族に、小さな庭が季節を通して寄り添っています。

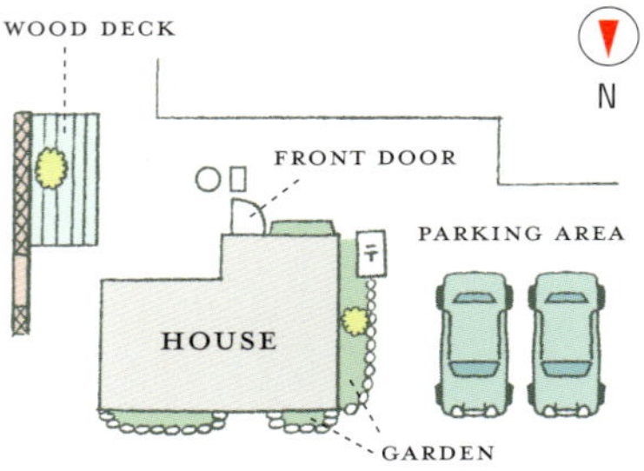

【この庭の特徴】

西側：半日陰。青桐の大木を中心に奥行き約1ｍの花壇

南側：半日陰。窓辺と玄関前、ウッドデッキでのコンテナガーデン

北側：日陰。外壁添いに奥行き30㎝の花壇

“壁を明るい色にして光をとり込む”

植物であふれる玄関アプローチ。半日陰でも明るいのは、クリーム色の壁の効果です。植物にもよい影響があります。

POINT※2 明るい色の葉物をメインに

南側の庭に日が当たるのは午後の数時間のみです。日陰に強く明るい葉色を持つ植物が頼もしくウッドデッキを彩ります。

POINT※3 宿根草や低木を中心にする

宿根草と低木を中心にした花壇は、晩秋から冬に1回、6月ごろに1回の年2回、一年草の植え替えのみのローメンテナンスガーデンです。

アンティークのオベリスクにからませた斑《ふ》入りの五色ブドウ。日陰のデッキガーデンでの主役は、葉色の美しい植物たちです。

半日陰とは思えない明るい雰囲気が伝わってきます。お客さまはこの風景を見ながら玄関に向かいます。

POINT※4

白い壁は バラの生育を助ける

北側の庭では白い壁の色が明るさをとり込みバラの生育を助けています。つるバラは、数時間の日照でも育つ品種が多く、また、地面がなくても大きなコンテナ一つあれば大丈夫です。

狭い通路を生かす

ウッドデッキと通路の庭

POINT※1

エアコンの室外機にカバーをかける

家のまわりに置かれることが多い室外機。この上には温風がこないので、カバーをかければ、鉢や雑貨を置いて楽しむことができます。

庭と家をつなぐウッドデッキ

山口邸

高台に立つ山口邸は、お気に入りの建築家と相談しながら、ご夫妻の理想を実現した家と庭です。「地植えの庭こそ小さいけれど、家族が季節を楽しむには十分です」と奥様。第二のリビングルームとして使っているウッドデッキでは、観葉植物やハンギングバスケットなどのコンテナガーデンを楽しんでいます。家具や雑貨、そして植物を混在させた空間は、部屋でも庭でもないあいまいさがあり、それが不思議と心地よい空気感。また、靴に履き替えなくてもすぐに部屋から出られるので、水やりなど、植物のお手入れも手軽に行うことができます。家と庭を切り離すことなく、暮らしの一部としてとらえることで、庭が家族の暮らしに身近な存在となっています。

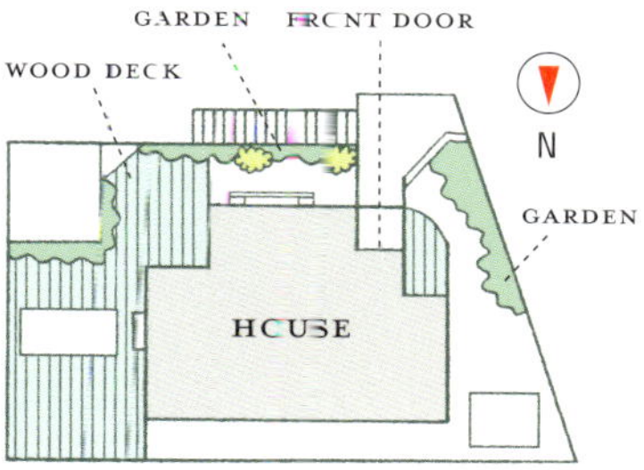

【この庭の特徴】

南東側：ウッドデッキの庭

南　側：玄関からウッドデッキに続く道につくった花壇

西　側：玄関から裏庭に続く道につくった花壇

“葉物や観葉植物は、インテリア感覚でレイアウト”

シュガーバインを植えた鉢を、シャンデリアのようにマクラメで吊るして華やかさを演出。ステンドグラス上のリースは、レックスベゴニアなど長く楽しめる葉物でつくるのがおすすめです。

POINT※2 ウッドデッキには外でも育つ観葉植物を

観葉植物は、気候の温暖化により、関東以南ならば軒下の戸外に置いても十分育つようになってきています。メンテナンスも楽です。

玄関アプローチの脇にも奥行き20×幅60㎝ほどの小さな花壇が。宿根草の足元に、一年草や球根花を植えて季節の移り変わりを楽しみます。

カラフルなタイルを縁にした花壇や、割れたタイルをランダムにデザインした外用水栓など、DIYで遊び心がたっぷり。

デッドスペースを生かす

限られた地面を有効利用

最大奥行き50cm、幅1mほどの小さな花壇には、大きな鉢をあえて置くことで段差をつくり、タテ長に庭をつくります。

POINT※1

下草と大鉢、つる植物でタテ長の庭に

ポストの下はレンガでかさ上げして花壇をつくっています。コンクリートに囲まれたスペースは、乾燥に強いローズマリーが活躍。

“花が咲き、ハーブが香るアプローチ”

限られた敷地に工夫と知恵がいっぱい

井ノ口邸

「狭い範囲でも楽しめる庭にしたい」。小さな花壇やガレージなど、デッドスペースを利用した庭には、花好きの奥様のそんな思いが詰まっています。庭は外壁のないオープンガーデン。季節の草花に道往く人の目も癒されます。花壇は西側で日当たりがよく、以前はバラを地植えしていました。しかし伸びすぎてお手入れに苦労されたという経緯があり、現在の形に。バラのコンテナは2年に1回の植え替えが必要ですが、ほかは一年草を年2回植え替えるだけです。ペイビングを敷いたガレージは、暖かくなると自然に雑草が生えてよい雰囲気になります。限られた敷地を有効利用しながらお手入れで疲れない。忙しい生活の中に庭を上手にとり入れています。

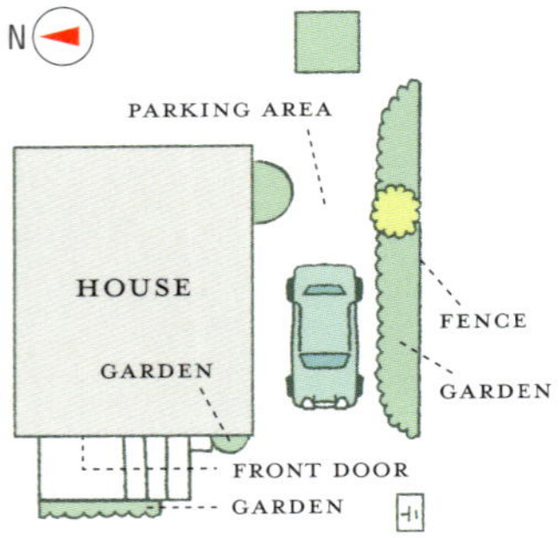

【この庭の特徴】

南側：ガレージ奥のデッドスペースとフェンスを利用

西側：外壁添いに最大奥行き50cm×幅1mの変形花壇

ガレージ横のフェンスの向こうは、交通量の多い道路です。フェンスいっぱいにアイビーをからませることで、外側との視界を効果的にさえぎります。

右はアリストロメリア、左はペンステモン・ハスカーレッド。どちらも宿根草で、株分けして増やしていくことができます。

ニュアンスのある石を敷いたガレージ。白っぽい小石や雑草でナチュラル感が生まれます。

POINT※2

悪条件に強いアイビーが外との視界を遮断

6月に入るとアナベル(白)がガレージ奥の庭のフォーカルポイントになります。

アプローチガーデンの四季をめぐる

人目の気になるアプローチガーデンに、季節ごとの草花を寄せ植えした鉢で季節を演出してみましょう。1年の色合わせを参考にしてみてください。

冬の色合わせ

暖色系の色を集めてアプローチが寂しくならないように、ピンクから紫色のグラデーションを集めています。あたたかみがある色合いの中に、濃いブラック系の色を入れると大人っぽい雰囲気が出ます。

ガーデンオーナメントや雑貨でにぎやかに

サンタや雪ダルマのオーナメントや置き物を組み合わせることで、花の少ない寂しさを補いながら季節感を出します。

近ごろの葉ボタンはあなどれない

葉ボタンは近年品種改良が進み、通好みのブラック系や、個性的な形の葉を持つものなどが多く出回り、冬の庭の人気植物になっています。ぜひ、とり入れてみましょう。

春の色合わせ

パステルカラーを中心に、春の風景を描きだします。階段左はブルーからピンクのグラデーション、階段右は白から黄色のグラデーション、ポーチは緑の葉物を中心にまとめ、やさしさを演出します。

屋根があるポーチには観葉植物を置いても

屋根があるポーチは雨が当たらないので、冬の間室内で管理していた観葉植物を活躍させても。

演出力ある大鉢の寄せ植えで華やかさを

大鉢の寄せ植えは一鉢あるだけでも、空間を華やかにする演出力があります。広めのアプローチならば、複数に設置するとより豊かな雰囲気に。

夏の色合わせ

緑の葉物をベースに、白や青色系の花やカラーリーフを全体にちりばめるように配置すると涼しげな印象になります。紅葉色の葉物や花を差し色にして秋の季節を先取りするのもよいでしょう。

白色をちりばめてさわやかに

シンボルツリーのシマトネリコの花が咲くと、アプローチはいちだんと夏めいた雰囲気になります。手前の鉢植えに植えられたペチュニアの白い花と階段上に置かれた白い斑入り葉のカラジュームが清楚な印象をつくりあげています。

ブルーをメインにさわやかな葉色で

ブルーの花とさわやかな葉色でまとめたポーチ。

小さな鉢で演出するホワイトガーデン

ユーフォルビア・ダイアモンドフロストと八重のペチュニアの寄せ植えが夏の涼を誘います。

秋の色合わせ

ビビッドなオレンジから濃い赤色系の花や葉物をメインにすると秋らしい風景をつくることができます。視界の中央にくる奥のポーチは、緑を中心にして色を控えめにするとまとまります。

存在感あるガーデンチェアーもおすすめ

スペースに余裕があれば、ガーデンチェアーを置くのもおすすめです。オブジェや鉢を置けば、ディスプレイ感覚で季節を楽しむことができます。

夏から秋に楽しめるコリウス

階段左下の赤いコリウスの葉は夏に植えたものです。大きく生長してアプローチガーデンのフォーカルポイントになっています。ポーチに置いたかぼちゃや、実物やドライフラワーでつくったリースも秋らしい風景をつくるポイントの一つです。

観賞用トウガラシは秋から翌春まで

オレンジ色から赤のグラデーションでまとめたコーナー。左の観賞用トウガラシは、葉色も美しく日陰でもこんもりと茂り、翌年春まで赤いかわいらしい実を観賞できます。

小さな庭の四季をめぐる

駐車場奥の変形敷地につくった小さな庭。テラスをはさむように2つの花壇があります。四季を追いながら、1年の植物の流れを追ってみましょう。

早春

左の花壇は、冬の花が終わり春のシーズンに向けての一年草を植えつけたところです。右側の花壇には、植えっ放しにしている原種チューリップの球根の葉が出てきています。

春

つるバラが開花し、庭のハイシーズンがやってきました。たくさんの花が色とりどりに咲く季節ですが、3色程度の色数で全体をまとめたほうがしっくりとなじんで見えます。

夏

高温多湿に強い葉物を中心に、夏の暑さに強い花を差し色にして、涼しげな雰囲気をつくります。茂りすぎた葉は切り戻して整理することで風通しが確保でき、病害虫を防ぎます。

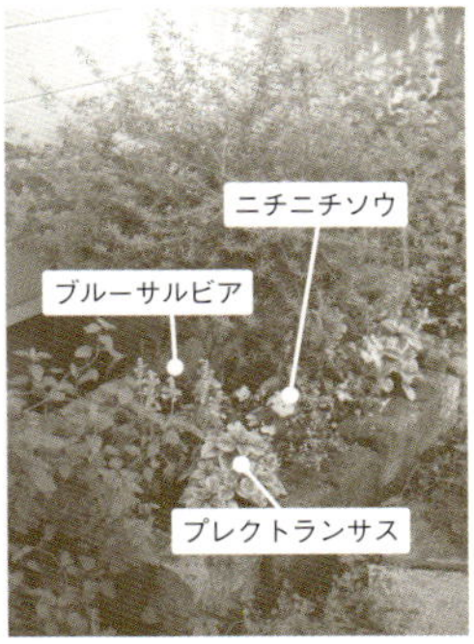

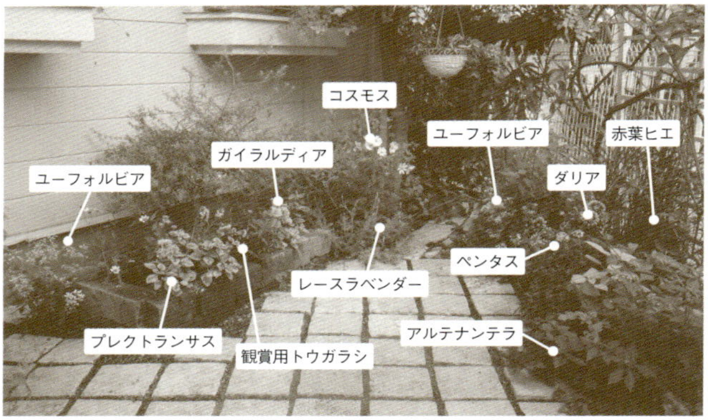

秋

春に続いて植物の種類が多くなり、気候が涼しくなると花もちもよくなってきます。こっくりとした秋色の花や赤色系の葉物で楽しみましょう。花期の長い花を選ぶことで、初冬まで華やかな雰囲気が保てます。

初冬

秋の花が終わり、左の花壇に春まで楽しめるパンジー、ビオラ、宿根ネメシア、その間にはチューリップの球根を植えつけます。右の花壇は、葉が枯れ始めたら切り戻しをするなど整理をして、来春のシーズンに備えます。

PART 2

場所別の実例と成功のポイント

多くの人が共通する庭づくりの
場所をピックアップし、
成功のポイントをまとめてみました。
植物選びや見せ方、植え方なども、
とり入れてみてください。

本書で紹介する庭づくりの場所

広い庭がないからと、
庭づくりをあきらめてしまうのはとてももったいないこと。
門から玄関までのアプローチや、
隣家の外構が迫る細い道、壁面、フェンス、
そしてガレージなど、庭にできるデッドスペースは
意外にもたくさんあります。
家まわりを、じっくり観察して
庭になる場所を見つけてみましょう。

❶ アプローチ＆玄関まわり

地面がないことがほとんどですが、鉢を置くスペースがあれば季節の植物を植えて楽しむことができます。毎日通る場所なので、目にもつきやすく、お手入れも気軽にできます。▶P.32

❷ ポスト＆門扉まわり

外からいちばんよく見える場所です。伸びやかな緑や愛らしい花で彩って、見映えするコーナーにしてみましょう。土がなくても大丈夫です。▶P.36

③ 塀＆フェンス

つる植物を利用することで背の高い構造物を美しくおおいます。バラをはじめとするつる植物は種類も多く入手しやすくなっています。日陰や半日陰に強いものもあります。▶P.40

④ ガレージ

狭くても車1台分のスペースがあります。本来の目的を妨げない範囲で、庭づくりを楽しみましょう。やり方によってはダイナミックな庭が実現します。▶P.46

⑤ 家の側面＆狭い通路

室外機が置かれていたり、土の中を排水管が通っていたりする場所でも、工夫次第で庭をつくることができます。愛らしい植物で家まわりを彩ってみましょう。▶P.43

Approach & Entrance

アプローチ＆玄関まわりの庭

踊り場や階段のちょっとしたスペースに植物があるだけで、みずみずしい雰囲気に。

成功の法則

1 明るく華やかに人目を引きつける植栽に

家族が毎日のように通る庭で、お客さまを最初に迎えるウエルカムガーデンでもあります。見る人を元気にするような明るく華やかな植栽を心がけましょう。

アプローチのトンネルをつくるつるバラはコーネリア。

広めの玄関ポーチは、寂しくならないように大鉢の寄せ植えで彩る。

2 横に枝が張り出さない、小ぶりに生長するものを選ぶ

本来の目的は人が通る場所です。張り出した枝が服にひっかかったりしないように、横に枝が広がらない植物、株があまり大きくならず、生長の遅い植物を選ぶとよいでしょう。

3 メンテナンスの楽な植物を選ぶ

毎日のように手入れができればよいのですが、なかなかそうはいかないものです。いつもきれいな状態を保ちたい場所なので、メンテナンスの楽な丈夫な植物を選ぶようにします。

クリスマスローズは花のない時期も葉がグラウンドカバーに。

個性的な鉢植えで 階段をディスプレイ

アプローチの階段にいくつも鉢植えを置く場合は、鉢の素材や大きさ、植える花などそれぞれ替えて演出したほうが楽しい雰囲気に。

花好きの庭主が玄関アプローチの階段の際につくった、奥行き5cmの庭です。通り道でありながら、デッドスペース。隙間でも平気な植物が育つ姿に元気がもらえます。

“どんな場所もあきらめないで！隙間OKの力強い植物もあり”

日当たりの悪い隙間には、山の岩陰でたくましく育つ山野草が強い味方になります。

雑草のヘビイチゴは自然に飛んできたもの。階段の際で旺盛に繁殖し、かわいらしい赤い実をつけています。

パンジーやビオラは色の使いすぎに注意

パンジーやビオラは、花色も花形も豊富にありますが、1つのコーナーで2色程度に絞ると大人っぽい印象にまとまります。

Post
&
Gate

ポスト&門扉まわりの庭

土がないことがほとんどですが、工夫次第でとても素敵なウエルカムガーデンになります。

成功の法則

1 鉢を置く。ハンギングバスケットをかける

鉢もハンギングバスケットも、たくさんの種類が出回っています。家のポストや門扉まわりに、鉢を置く場所がないか、ハンギングバスケットをかける場所がないか、よく観察してみましょう。

平らなポストの上にDIYで鉢置き場を設置。

2 人の出入りが多いのですっきりした植栽にする

枯れたら入れ替えることができる一年草、低木ならば刈り込んで形を保つことができるローズマリー、マートルなどがおすすめ。ポスト、門扉まわりは家の顔。いつもきれいに見えるようにすっきりした植栽を。

香りも魅力のローズマリーは刈り込みにも強く重宝。

3 つる植物をしだれさせたり、からませたり

つる植物をハンギングバスケットに入れてしだれさせたり、鉢に植えて、ポストや門扉にからませたりすると、こなれた印象になります。バラはトゲの小さいもの、ないものを選びます。

アイビーのハンギングと季節の寄せ植えがお出迎え。

少しの工で
ダイナミックな演出も可能

ガレージにつながる門扉をぐるりと囲むつるバラの下草部分の地面に、わずか10㎝程度の奥行きです。門扉にかけたハンギングバスケットの、武骨な素材感も効果的なアクセントになっています。

ハンギングバスケットがつくる四季

門扉から続くフェンスに、ハンギングバスケットをかけて、春、夏、秋、冬の移ろいを楽しむ植え替え例です。

初夏の光をあびて一回り以上大きくなりました。花後、まめに花柄摘み(▶P.91)をすることで、次々に花芽があがってきて、5月末ごろまで楽しむことができます。日差しが強くなるので、水切れに注意をしましょう。

最盛期の初夏をイメージして、レースラベンダー、デージーなどを仕込みます。週に1回の液肥を与えると草花が勢いよく生長します。(ハンキングバスケットの作り方▶P.110)

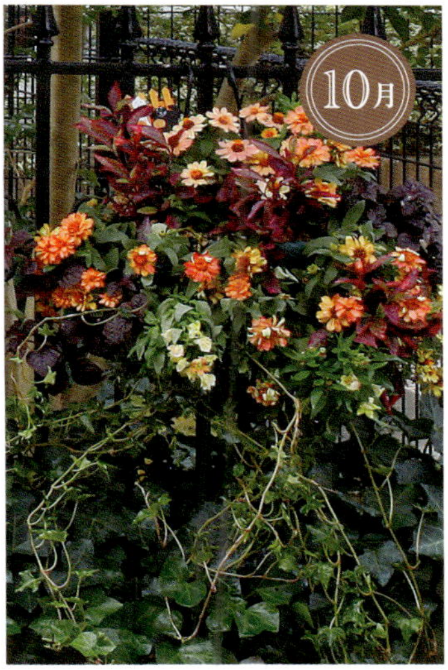

シックな色合いのジニア プロフュージョン、赤葉のアルテナンテラで秋色のハンギングを。10～11月末まで楽しみます。

紫から白のニュアンスカラーが美しい冬のハンギングバスケット。ヒースカルーナの伸びやかな茎の表情も魅力です。

アプリコット色のカリブラコア、斑入り葉のプレクトランサスを背景にビビッドな赤花ペンタスを差し色にした夏のハンギング。花後、2節ぐらい切り戻すと(▶P.92)返り咲いて、10月ごろまで楽しむことができます。

Wall & Fence

塀&フェンスの庭

植物をからませたり、垂らしたりしながら庭をつくっていきます。

成功の法則

1 つる植物を広げたり、垂らしたりして立体的に

生長力旺盛なつる植物を選べば、わずかな土でも、塀やフェンスをおおうほど伸びてくれます。鉢植えでも大丈夫です。枝が横に張っていくもの、しなやかに垂れるものなど、性質に合わせて誘引するのがポイントです。

ベル形の花が愛らしいクレマチス・テキセンシス。しなやかな枝をトレリスにからませます。

自然に分球してフェンスの足元をカバーするオキザリス。

2 通行の邪魔にならないように茂りすぎないものを

植物の中には茂りすぎて通行の邪魔になってしまうものがあります。まめにメンテナンスができない人は、草丈を確認して、茂りすぎないものを。トゲのあるバラも注意が必要です。

3 ハンギングバスケットを利用してもよい

塀やフェンスなど高い位置に庭をつくりたいときには、ハンギングバスケットも活躍します。つる植物とハンギングバスケットを組み合わせれば、無機質な塀やフェンスもやさしい表情の庭に。

隣家との目隠しに設けた塀にガーデンシェルフを設置。植物と雑貨をディスプレイ感覚で飾ります。(作り方▼P.106)

低木、宿根草、一年草、バラ……。植物を植えられる数は少なくても、種類を多彩にすることで、塀際をドラマチックに演出しています。

“丈夫なつる植物や たくましい雑草を味方につけて”

道路際でコンクリートに囲まれた狭い庭は、丈夫なつる植物やドクダミのような雑草を有効に使います。

堀やフェンスの面いっぱいに植物を誘引したいときは、枝が横に広がる性質のつる植物を選びます。バラならば半つる性バラ(写真のピンク色はアンジェラ)、そのほかの植物ならば、ビナンカズラ、ヤマホロシ、クレマチス、ハニーサックルなどがおすすめです。

“塀やフェンスの面をおおうなら、弓状に広がるつる植物”

バラの誘引は12月末から2月上旬までに行います。(誘引の仕方▼P.118)

Side of a house & Narrow aisle

家の側面&狭い通路の庭

庭といえる敷地がなくても、家の側面や隣家が迫る狭い通路に庭をつくることができます。

成功の法則

1 半日陰、日陰に強い植物を利用する

日陰、半日陰のスペースが多いので、それに適した植物を植えます。また、軒下で雨が当たらない家の側面は、乾燥に強い植物を選びましょう。どちらも種類が豊富に出回っています。

ユキヤナギとクリスマスローズの小径。夏は清々しいリーフガーデンに。

2 構造物を使ってつる植物をはわせる

トレリスは、狭く土がない庭にも設置できる便利な構造物です。日当たりの悪い壁面でも、つる植物なら自分で光を求めて上に伸びていく性質をもっています。上手に利用しましょう。

光を求めながら上に伸びて開花したクレマチス。

3 室外機はカバーをかけて、鉢や雑貨を楽しむ棚に

家の側面に置いてあることが多い室外機。頻繁に通る道であれば、思い切ってカバーをかけ、鉢や雑貨を楽しむ棚にしてみましょう。植物にとっても棚の上は、意外によい環境になります。

オリジナルの室外機カバーで狭い通路を楽しい小径に。市販のカバーもあります。

メインの花の開花に合わせて、ここぞ!という見せ場をつくる

壁際にアーチを設置してつるバラのサマースノー(白)をからませています。下草のジギタリス(薄ピンク)、リナリア(濃ピンク)も同時に開花し、華やかな見せ場に。

土がない場所にはかんたんな棚を設置することで、見映えのよいコーナーをつくることができます。屋根があるところは乾燥に強いハーブや多肉植物がおすすめです。

“シンプルな棚一つで家の側面が絵になる風景に”

アジサイのアナベルが開花する6月に合わせ、紫色のクレマチス・アルピナをトレリスにからませています。下草の一年草も6月に開花するものを選んで植栽。

Garage

ガレージの庭

占有面積が広いので一部分でも庭にしてみましょう。地面は施工済みでも大丈夫です。

成功の法則

1 車の出入りに影響のない場所を庭にする

ガレージの機能はあくまでも残しつつ、コンテナを置いたり、ハンギングバスケットをかけたり、植物をからませたりしてみましょう。コンパクトな低木を植えた鉢を一つ置くだけでも雰囲気が変わります。

ガレージ左奥の鉢はクレマチス。枝が広がらないので、車の出入りの邪魔になりません。

2 車上の空間をつる植物でダイナミックに

ガレージの屋根をすっぽりとおおってしまうような旺盛なつる植物もあります。夏の緑のカーテン感覚で、花が咲くもの、実がなるものなど、ダイナミックに誘引をして緑化してみましょう。

光の入る明るいガレージを、宿根スイートピーと一年草のスズメウリで緑化。スズメウリは晩秋の赤い実も楽しめます。

3 デッドスペースを利用する

ガレージ脇のフェンス、ガレージ奥の敷地が半端にあまっているところなど、デッドスペースを有効活用しましょう。また、地面はコンクリートで固めず、土の部分を少しでも残しておけると雰囲気が変わります。

フェンスと奥のデットスペースを利用した庭。アイビーがガレージの地面にも伸びてナチュラルな雰囲気です。

ゲートにつる植物をからませれば、ガレージが素敵なランドマークになります。

“地植えスペースはそんなになくてもOK”

地面をコンクリートで固めずに、隙間をあけながらレンガを敷くだけでも、間から自然に雑草が生えてきてよい雰囲気になります。

オキナワスズメウリと
スイートピーでかんたん緑化

緑のカーテンとしても最近注目のオキナワスズメウリ。初夏に苗を地面、またはコンテナに植えつければ、夏の暑い季節にぐんぐんと伸びてガレージをおおってしまうほどになります。宿根スイートピーも一緒に植え込むと彩り豊かに。

オキナワスズメウリの実は、まさにミニスイカ。長く伸びたつるをくるくると巻いてドアリースにしても素敵です。晩秋の赤い実をドライにして楽しんでも。(▶P.115)

宿根スイートピーは、生育旺盛で、草丈は3mぐらいになるものもあります。花期は6〜10月と長めです。

PART 3

条件別
おすすめ草花図鑑

文丈でお手入れが比較的楽な植物を
条件別にご紹介します。
あれもこれもと植えたくなりますが、
環境や庭にかけられる時間などを
しっかり見極めて選ぶことが大切です。

狭い庭の草花選びのポイント

広い庭にたくさんの植物を植えて、絵になる風景をつくることはたいへんな作業になります。逆に狭いほうが、少量の植物で、鉢やオブジェを入れながら、比較的楽に見応えのあるコーナーづくりができます。

Point 1

うつむいて咲く花を高い位置に植えてフォーカルポイントに

クリスマスローズは、うつむいて咲く花なので、背の高い鉢に植えると見映えがして、早春の開花期が終わっても常緑の葉の美しさを楽しむことができます。

Point 2

早春の庭はクリスマスローズと球根花を中心に

春いちばんのスイセンが終わったころに、クリスマスローズ、ヒヤシンス、八重咲きアネモネが咲き始めます。球根花は花が終わったあとも初夏ごろまではきれいな緑の葉を楽しめます。

Point 3

6月と晩秋、年2回、一年草を植え替えて彩りをつくる

クリスマスローズ、木百香《もくびゃっこう》、アジュガの葉は常緑なので、花が終わっても葉は残ります。初夏の花が終わる6月と秋の花が終わる晩秋に一年草を足すだけで、彩りのよい花壇をキープできます。

【この庭の草花ガイド】撮影した季節：早春

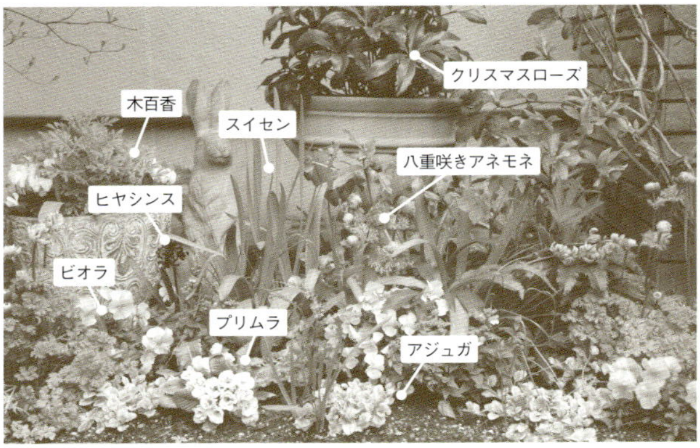

【この庭の草花ガイド】撮影した季節：初夏

Point 6

鉢の足元をかわいらしい花で埋めてナチュラルに

鉢の足元を草花でカバーすることで、よりナチュラルな風景を演出しています。形、色など、単調にならないように組み合わせましょう。

Point 5

ブラック色系の植物を入れると一気に通好みの庭に

鉢に植えているのは、ブラック色系の紫キャベツと銀葉のロータス・プリムストーンです。ブラック色系が1種類あるだけでも、風景が引き締まった印象になります。

Point 4

つるバラを上に伸ばして視線をタテに誘導

奥行き10cm程度の門扉前の庭ですが、地植えのつるバラは、伸長力が旺盛です。視線をタテ方向に誘導して、小さな庭を大きく見せる効果を発揮します。

日当たりが悪い庭の草花選びのポイント

一日数時間でも日が当たる場所であれば、育てられる植物は驚くほど豊富にあります。また、地面まで日差しが届かなくても、高さを出すなどの工夫で、日陰を半日陰に変えることも可能です。

Point 1

石を積み、鉢でさらに高さを出してフォーカルポイントに

鉢に植えられている植物は、日陰に強いクリスマスローズ、シュガーバイン、ミヤマシキミなど。草丈の高いもの、明るい葉色のもの、しだれるものなど、ほぼ葉物のみでも、見応えのあるフォーカルポイントをつくることができます。

Point 2

山野草をベースに、しっとりした大人のシェードガーデン

山野草をベースに日陰の庭をダイナミックにデザイン。クリスマスローズの生長した葉やフウチソウの明るい細葉がシックな庭の効果的なアクセントになっています。紫と白の花が一面に広がったロックガーデンが、シックで落ち着きのある印象です。

【この庭の草花ガイド】撮影した季節：早春

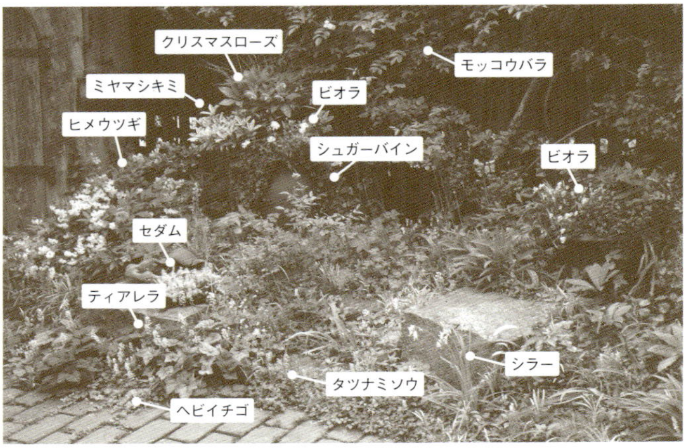

Point 3

朝日が当たれば、丈夫に育つ植物も多い

朝しか日が当たらないコーナーに、高さのある大鉢を置いて。つる植物のクレマチスも草丈のあるユーフォルビアも光の当たる場所まで伸びて花を咲かせています。アジサイが最盛期を迎えると、より華やかな雰囲気になります。

【この庭の草花ガイド】撮影した季節：6月

Point 4

大鉢の足元に小さな鉢を置いて寂しくならないように

大鉢は高さを出すことができますが、大鉢だけだと前面が単調になってしまいます。そこで、いくつかの鉢を高低差を出しながら置いてリズミカルに変化をつけています。

土がない庭の草花選びのポイント

植えられる植物の種類に限りがあっても、大小さまざまな鉢や、とっておきの色合いの葉物を使うなどして、にぎやかにコーディネートするのがコツです。

Point 1

小さな鉢には乾きに強い植物を、大鉢は地植え感覚で、たくさんの植物を

コンテナガーデンの植物は基本的に乾きに強いものがベストで、水やりは欠かせません。大鉢ならば水もちもよいので、草花の選択肢が広がり、水やりも比較的楽です。棚やハンギングバスケットをかけるフェンスなどの構造物を上手に使うのもコツ。

【この庭の草花ガイド】撮影した季節：初夏

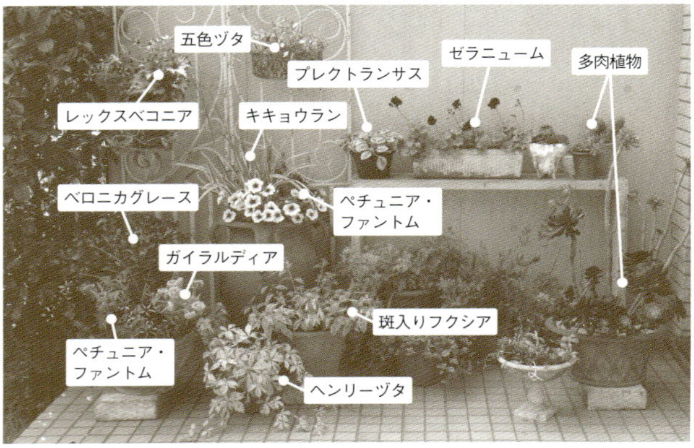

Point 2

雨が当たらない場所ならば多肉植物もおすすめ

多肉植物は乾燥に強いので鉢植えに向き、種類が豊富でオブジェ感覚で楽しめます。丈夫ですが、湿気には弱いため、軒下など雨が当たらない場所で育てましょう。

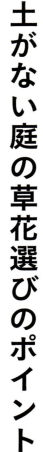

忙しい人の草花選びのポイント

最初にしっかり植栽したら、あとは毎年、季節になれば花が咲く、こぼれ種で増える、土の中で自然に分球する植物を中心にします。

Point 1

手間のかからない植物をベースに。お手本は野原です

野原のように、こぼれ種や分球しながら勝手に増える庭に。ただし野原とちょっと違うのは、人の手が少し入り、色やデザインにまとまりがあることです。

Point 2

野原が荒地になりそうになったら少し整理を

こぼれ種から出た芽が多すぎたり、宿根草が伸び放題になっていたりすると、野原を超えて荒地になってしまう可能性も。適宜、整理をしましょう。（▶P.92）

Point 3

花期が過ぎてもカラーリーフが美しい宿根草を選ぶ

葉色が楽しめるカラーリーフを多く植栽しておけば、花の少ない時期に、あえて花を足さなくても華やかな雰囲気を保ちます。

【この庭の草花ガイド】撮影した季節：初夏

宿根草×草丈がある（～180㎝）×背景をつくる

シャスターデージー（キク科）

冬 春 秋 夏

花期：5～7月

草丈：50～80㎝
日照：ひなた　病害虫：強い
特徴：常緑の宿根草。花形も一重、八重、丁子《ちょうじ》咲《ざ》きとあり、フランス菊と日本の浜菊の交配種。丈夫でよく育ち、ホワイトガーデンでは主役になる。

宿根フロックス（ハナシノブ科）

冬 春 秋 夏

花期：6～9月

草丈：50～120㎝
日照：ひなた～半日陰　病害虫：ふつう
特徴：伸びた茎の先にピラミッド状に小さな花を咲かせる。別名オイランソウともいわれ、独特な華やかさをもつ。切り戻しで一度返り咲く。

宿根ヤグルマソウ（キク科）

冬 春 秋 夏

花期：5～7月

草丈：50㎝
日照：ひなた～半日陰　病害虫：強い
特徴：開花前のシルバーリーフの草姿が冬の庭でもポイントになり、花期も長いので忙しい人におすすめ。基本的に丈夫だが高温多湿は苦手。

アークトチス（バーガンディ）（キク科）

冬 春 秋 夏

花期：4～7月

草丈：20～70㎝
日照：ひなた　病害虫：強い
特徴：春から夏までよく咲き続け、シルバーがかった葉と花の咲く姿が美しい。高温多湿に注意して栽培地によっては一年草として扱う。

インカビレア（ピンクフェアリー）（ノウゼンカズラ科）

冬 春 秋 夏

花期：3～8月

草丈：30～50㎝
日照：ひなた～半日陰　病害虫：強い
特徴：半日陰でもよく咲き、高温多湿の夏でも丈夫に育つ。返り咲きするのもうれしい特徴。やわらかい雰囲気でふわふわとやさしい表情をもつ。

ジギタリス（オオバコ科）

冬 春 秋 夏

花期：5～6月

草丈：30～180㎝
日照：ひなた～半日陰　病害虫：ふつう
特徴：半日陰でも咲く品種が多く、フォーカルポイントにもなるので、ガーデンデザインには欠かせない花。品種により、株の育ち方に違いが出る。

プルンバーゴ(イソマツ科)

冬 春 秋 夏

草丈：50～150cm
日照：ひなた　病害虫：強い
特徴：半つる性で、温暖な気候では地植えでも越冬する。乾燥にも強い。春から秋まで繰り返し咲くので、ローメンテナンスガーデンに最適。
花期：6～10月

ユーフォルビア(トウダイグサ科)

冬 春 秋 夏

草丈：30～80cm
日照：ひなた～半日陰　病害虫：強い
特徴：一年草、多年草、多肉植物、低木と種類が豊富で2000種類以上あるといわれている。花は地味だが存在感があり、春から秋まで活躍する。
花期：4～9月

ラベンダー(シソ科)

冬 春 秋 夏

草丈：30～70cm
日照：ひなた　病害虫：強い
特徴：バラのコンパニオンプランツとしても用いられる半耐寒性の小低木。草木すべてに香りがあるので、アプローチガーデンにもおすすめ。
花期：3～7月、9～10月

チェリーセージ(シソ科)

冬 春 秋 夏

草丈：40～70cm
日照：ひなた～半日陰　病害虫：強い
特徴：乾燥に強く暑さ寒さにも強い。返り咲きもよく、アブラムシよけのコンパニオンプランツとしても知られる。大株になり花壇の背景に最適。
花期：4～10月

チョウジソウ(キョウチクトウ科)

冬 春 秋 夏

草丈：50～70cm
日照：ひなた～半日陰　病害虫：強い
特徴：鮮やかなブルーの丁子形の花がさわやか。丈夫で、冬には落葉するが、秋の黄色い紅葉も美しい。野生種は絶滅危惧種に指定されている。
花期：6月

デルフィニューム(キンポウゲ科)

冬 春 秋 夏

草丈：70～120cm
日照：ひなた　病害虫：ふつう
特徴：ブルーや白の長い花穂が庭の主役となる。冷涼な草原湿地に自生しており、宿根草であるが高温多湿が苦手なため、園芸では一年草扱い。
花期：5～6月

宿根草×草丈が中くらい(~120cm)×ボリュームゾーンをつくる

ティアレラ(ユキノシタ科)

冬 春 秋 夏

花期：4～6月

草丈：20～40cm
日照：ひなた～日陰　病害虫：ふつう
特徴：シェードガーデンでも育ち、線香花火のような花形がかわいらしい。葉色も美しく、寒さで紅葉する品種も。大株にならないのでコンテナにも。

ヒマラヤユキノシタ(ユキノシタ科)

冬 春 秋 夏

花期：3～4月

草丈：20～40cm
日照：ひなた～半日陰　病害虫：強い
特徴：早春の花が少ない時期から咲き始め、春には大株になる。楕円形のどっしりとした葉の間から赤色の茎を伸ばしてピンクの花を咲かせる。

プリムラ(サクラソウ科)

冬 春 秋 夏

花期：3～5月

草丈：20cm
日照：ひなた　病害虫：ふつう
特徴：冬の寒さに強く、春まで返り咲きする。近年は花色も品種も数多くなり、冬の寒々しい庭を多彩にしてくれる頼もしい存在。

イングリッシュラベンダー センティビア(シソ科)

冬 春 秋 夏

花期：5～7月、9～10月

草丈：40～60cm
日照：ひなた　病害虫：強い
特徴：暖地の暑さに弱いイングリッシュラベンダーの中でも比較的丈夫で、秋に返り咲きする。香りが強く、地植えするとボリュームが出る。

キャットミント(シソ科)

冬 春 秋 夏

花期：5～7月

草丈：20～40cm
日照：ひなた　病害虫：ふつう
特徴：食用には向かない鑑賞用ハーブで、猫が好きなハーブとしても有名。ラベンダーに似た雰囲気をもち、丈夫で大株に育つが、多湿は苦手。

ゲラニューム(フウロソウ科)

冬 春 秋 夏

花期：4～7月

草丈：20～40cm
日照：ひなた～半日陰　病害虫：ふつう
特徴：品種が豊富で、這性《はいせい》(地面をはう性質)や高性種《こうせいしゅ》(草丈が高くなる性質)も。条件がよい場所では大株になる。花茎が細く風にゆれる姿が魅力。

マトリカリア（キク科）

冬 春 秋 夏

花期：5～7月

草丈：30～80㎝
日照：ひなた　病害虫：強い
特徴：小菊のような愛らしさがあり、丈夫で花つきがよい。高温多湿にやや弱いので、なるべく風通しのよい場所で育てるのがポイント。

ブルーサルビア（サルビア・ファセリアナ）（シソ科）

冬 春 秋 夏

花期：5～10月

草丈：30～50㎝
日照：ひなた　病害虫：ふつう
特徴：近年、暑さに強い品種が出回り、夏の花壇をさわやかにしたいときに重宝。真夏は花つきが悪くなるので、7月ごろに切り戻すと返り咲く。

ユーパトリウム（キク科）

冬 春 秋 夏

花期：7～10月

草丈：40～60㎝
日照：ひなた　病害虫：強い
特徴：さわやかなブルーや白の花が長く咲き続け、丈夫で地下茎でよく増える。手間がかからずナチュラルガーデンに向いている。

ブルースター（オキシペタルム）（ガガイモ科）

冬 春 秋 夏

花期：5～10月

草丈：40～100㎝
日照：ひなた　病害虫：ふつう
特徴：暑さに強く、切り花でも人気の品種。花期が長く、茎が伸びすぎることもあるので夏に一度切り戻すと、こんもり咲き続ける。半耐寒性常緑。

リグラリア・ミッドナイトレディ（キク科）

冬 春 秋 夏

花期：6～8月

草丈：40～120㎝
日照：ひなた～日陰　病害虫：強い
特徴：ツワブキの仲間。日陰でもよく育ち、こんもりと茂る丸いカラーリーフでグラウンドカバーにするのが人気。乾燥に弱く湿気を好む。

ペリシカリアシルバードラゴン（タデ科）

冬 春 秋 夏

花期：5～10月

草丈：40～60㎝
日照：ひなた～半日陰　病害虫：強い
特徴：花は地味だが、カラーリーフがアクセントになる。植えっぱなしで大株になるので数年したら株分けするとよい。耐寒性、耐暑性がある。

宿根草×草丈が低い(～60cm)×足元をおおう

オキザリス(カタバミ科)

冬 春 秋 夏

花期：10～5月

草丈：20cm
日照：ひなた　病害虫：ふつう
特徴：耐寒性があり、真冬の花が少ない季節に陽だまりの中で元気に群れて咲く。多くの色数、品種があり、中には四季咲きや夏に咲くものも。

アルケミラモリス(バラ科)

冬 春 秋 夏

花期：5～6月

草丈：20～60cm
日照：半日陰　病害虫：ふつう
特徴：耐寒性があり落葉することもあるが、春になると美しい黄緑色の葉が生長し初夏の庭を飾る。黄色い小花が咲くとふんわりとした印象になる。

黒竜(ユリ科)

冬 春 秋 夏

花期：6～8月

草丈：20cm
日照：ひなた～半日陰　病害虫：強い
特徴：ジャノヒゲの仲間で葉が黒色。紫系や白系の花と合わせると大人っぽく人気がある。個性的なので鉢の寄せ植えや庭のアクセントにも最適。

アレナリアモンタナ(ナデシコ科)

冬 春 秋 夏

花期：4～5月

草丈：10cm
日照：ひなた　病害虫：ふつう
特徴：常緑で耐寒性が強く花期が長い。マットな白の花が可憐で、グラウンドカバーとして使うとおしゃれな雰囲気に。暖地では高温多湿に注意。

宿根イベリス(アブラナ科)

冬 春 秋 夏

花期：3～6月

草丈：20cm
日照：ひなた　病害虫：強い
特徴：一年草のタイプよりも　耐寒性耐暑性あり、常緑なので庭植えに向く。早春から初夏まで花期が長く、鮮やかな白色は花壇を華やかにするのに役立つ。

バコパ(オオバコ科)

冬 春 秋 夏

花期：4～11月

草丈：30cm
日照：ひなた　病害虫：強い
特徴：最近は、花色が豊富で斑入り葉のものなどもある。高温多湿に気をつけると開花期は長い。しだれさせて使うこともできる。

ラミウム・カリオプドロン（シソ科）

冬 春 秋 夏

花期：5〜6月

草丈：20〜40cm
日照：半日陰　病害虫：強い
特徴：葉にシルバーの美しい斑が入り、花壇を明るくするのに効果的に使える。常緑の半つる性でよく伸びる。耐寒性、耐暑性があり、夏越ししやすい。

ミスキャンタス（ユリ科）

冬 春 秋 夏

草丈：40cm
日照：ひなた〜半日陰　病害虫：強い
特徴：耐寒性、耐暑性があり、場所を選ばなくて丈夫に育つ。白い斑入りなので、ポイント的にあしらうことで、花壇を明るくやわらかい雰囲気にする。

鳴子百合・斑入り（ユリ科）

冬 春 秋 夏

花期：5月

草丈：20〜40cm
日照：ひなた〜半日陰　病害虫：強い
特徴：和名はアマドコロ。斑入りの葉が美しく、切り花のアレンジメントでも定番。耐暑性、耐寒性のある落葉性多年草で、半日陰の庭に明るさをつくる。

宿根ビオラ・ラブラドリカ（スミレ科）

冬 春 秋 夏

花期：10〜5月

草丈：10cm
日照：ひなた〜半日陰　病害虫：強い
特徴：シックな黒紫の葉は個性的な雰囲気をもつが、意外にほかの花との相性がよい。耐寒性があり、コンテナや庭に植えておくと、旺盛に広がっていく。

ヒメツルソバ（ポリゴナム）（タデ科）

冬 春 秋 夏

花期：4〜11月

草丈：50cm
日照：ひなた〜半日陰　病害虫：強い
特徴：乾いた土を好むので、隙間やロックガーデン向き。はうようによく伸びて、真夏、真冬以外は次々と咲き続ける。

ヒューケラ（ユキノシタ科）

冬 春 秋 夏

花期：4〜7月

草丈：20〜40cm
日照：ひなた〜日陰　病害虫：ふつう
特徴：耐寒性、耐暑性があり、日陰でも育つ。花は地味ながらも葉色が豊富なので、シェードガーデンではカラーリーフとして活躍する。根切り虫に注意。

宿根草×地面をおおう(～30cm)×悪条件に強い

ダイコンドラ グリーン(ヒルガオ科)

冬 春 秋 夏

草丈：5cm
日照：ひなた～半日陰　病害虫：強い
特徴：花は目立たないが、丸い葉は品種によって明るいシルバー色や斑入りなどがある。地面ではうように伸び、鉢植えではかわいらしくしだれる。

花期：4～8月

タイム(シソ科)

冬 春 秋 夏

草丈：15～30cm
日照：ひなた　病害虫：強い
特徴：乾燥した場所を好むハーブで、耐寒性もあり丈夫なことから、庭や鉢の寄せ植え用としてよく使われる。独特な芳香と苦みがある。

花期：4～6月

リシマキア ヌンムラリア(サクラソウ科)

冬 春 秋 夏

草丈：5～10cm
日照：半日陰　病害虫：ふつう
特徴：明るい黄緑色の葉が特徴。丈夫でよく広がるので鉢の寄せ植えやカラーリーフとして活躍する。耐寒性、耐暑性がある常緑。

花期：5～7月

アジュガ(シソ科)

冬 春 秋 夏

草丈：10cm
日照：ひなた～半日陰　病害虫：強い
特徴：茎が地面をほふくするように伸びて、春に青色～ピンクの愛らしい花を咲かせる。耐寒性があり常緑なので地植えだけでなく鉢植えにも最適。

花期：5～6月

シンバラリア(ゴマノハグサ科)

冬 春 秋 夏

草丈：5～10cm
日照：ひなた～半日陰　病害虫：強い
特徴：半つる性で地面では横へ広がり、鉢植えではかわいらしくしだれる。乾燥した場所を好み、常緑でほとんど手間がかからない頼もしい植物。

花期：3～10月

セダム

冬 春 秋 夏

草丈：10cm
日照：ひなた～半日陰　病害虫：強い
特徴：乾燥した場所を好み、少しの地面でも、旺盛に生長。鮮やかな黄緑色の葉が、花壇に明るさをつくる。和名はメキシコマンネンソウ。

花期：4～6月

つる植物×壁面をおおう×構造物にからまる

常緑クレマチス アーマンディ(キンポウゲ科)

冬 夏

花期：3月

草丈：3～7m
日照：ひなた～半日陰　病害虫：強い
特徴：常緑クレマチスの代表的な品種で耐寒性、耐暑性がある。さわやかな白花が、まだ花の少ない早春の庭に咲き誇り、豊かな香りを放つ。

カロライナジャスミン(ゲルセミウム科)

冬 春 秋 夏

花期：4～7月

草丈：7m
日照：ひなた　病害虫：強い
特徴：丈夫でよく育ち、鮮やかな黄色の花が春の庭に明るさをもたらす。ジャスミンの名をもつが、香りが似ているだけでジャスミンとは異なる。

宿根スイートピー(マメ科)

冬 春 秋 夏

花期：7～11月

草丈：2～5m
日照：ひなた　病害虫：ふつう
特徴：丈夫で、大株になってよく伸びる。一年草のスイートピーよりも花が大きく、花茎が長いので、切り花にしても楽しめる。

クレマチス(キンポウゲ科)

冬 春 秋 夏

花期：4～10月

草丈：50㎝～3m
日照：ひなた～半日陰　病害虫：ふつう
特徴：多くの品種があり、色や形はもちろん、咲き方も一季咲き、四季咲き、冬咲きと多様。乾燥を嫌うので、水を切らさないようにする。

オキナワスズメウリ(ウリ科)

冬 春 秋 夏

花期：2～9月
結実：9～10月

草丈：1～7m
日照：ひなた　病害虫：ふつう
特徴：1株でも大きくよく伸びて、夏のグリーンカーテンとしても最適。花は目立たないが、かわいらしいスイカのような実がなり晩秋に赤く染まる。

五色野ブドウ(ブドウ科)

冬 春 秋 夏

花期：6～7月

草丈：1～3m
日照：ひなた～日陰　病害虫：ふつう
特徴：新芽がやさしいピンク色で、庭を明るくやわらかい雰囲気にしてくれる。秋に、小さなブドウの実をつけるが食べられない。斑入り葉も人気。

宿根草×葉も楽しめる×半日陰で活躍する

ヘレボルス木立性（キンポウゲ科）

冬 春 秋 夏

花期：
2〜4月

草丈：40〜60cm
日照：半日陰　病害虫：強い
特徴：クリスマスローズの原種で、通常のクリスマスローズよりも草丈が高くなり、花が咲くと見映えがする。葉色も美しい。

ヘレボルス・ニゲル（キンポウゲ科）

冬 春 秋 夏

花期：
12〜2月

草丈：30〜40cm
日照：半日陰　病害虫：強い
特徴：クリスマスローズの原種で、純白の花が美しい。クリスマスローズが春に咲くのに対し、12月のクリスマスのころから咲き始める。

シュウカイドウ（シュウカイドウ科）

冬 春 秋 夏

花期：
8〜10月

草丈：30〜40cm
日照：半日陰　病害虫：ふつう
特徴：秋の花が少ない時期に開花して、やさしいピンク色の花が群れ咲くと華やか。半野生化した帰化植物。日本の気候に合って、丈夫でよく育つ。

アスチルベ（ユキノシタ科）

冬 春 秋 夏

花期：
5〜7月

草丈：30〜80cm
日照：半日陰　病害虫：ふつう
特徴：耐寒性、耐暑性が強く、半日陰を好むので、シェードガーデンで明るい雰囲気をつくってくれる。円錐形のふわふわした花がかわいらしい。

インパチェンス（ツリフネソウ科）

冬 春 秋 夏

花期：
5〜10月

草丈：30cm
日照：半日陰　病害虫：ふつう
特徴：耐暑性があり、一重咲きと八重咲きがある。初夏に開花し、真夏は休み、9月に入るとあっという間に生長して大株になり、再びよく咲く。

ギボウシ（ユリ科）

冬 春 秋 夏

花期：
6〜9月

草丈：40cm〜1m
日照：半日陰　病害虫：強い
特徴：シェードガーデンの代表的な植物。日本が原産なので、日本の気候にもあって丈夫でよく育つ。花は地味なので、葉の美しさを楽しむ植物。

プレクトランサス（シソ科）

冬 春 秋 夏

花期：5～11月

草丈：20～50cm
日照：半日陰　病害虫：強い
特徴：カラーリーフとしても人気で、サルビアに似た花を咲かせる。夏は半日陰の場所で、冬は耐寒性がないので、室内で観葉植物として楽しむ。

アエゴポディウム（イワミツバ）（セリ科）

冬 春 秋 夏

花期：6月

草丈：30～80cm
日照：半日陰　病害虫：強い
特徴：斑入りのカラーリーフが美しく、庭を明るく演出。冬は地上部が枯れるが地下茎でよく広がるので手間いらず。

レックスベゴニア（シュウカイドウ科）

冬 春 秋 夏

花期：5～10月

草丈：30～50cm
日照：半日陰　病害虫：ふつう
特徴：暑さには弱いので半日陰から明るい日陰で育てる。葉色が多彩で鉢の寄せ植えやハンギングに向く。秋以降は室内に移すと冬越しできる。

シランブルー（ラン科）

冬 春 秋 夏

花期：5～6月

草丈：40～60cm
日照：半日陰　病害虫：ふつう
特徴：耐寒性、耐暑性があり、日本原産のランの仲間で育てやすい。植えっぱなしでも、自然に株が大きくなって翌年もきれいに咲いてくれる。

ティアレラ（ユキノシタ科）

冬 春 秋 夏

花期：4～6月

草丈：20～40cm
日照：ひなた～半日陰　病害虫：ふつう
特徴：花火を放つような花形が愛らしく、シェードガーデンに重宝される。あまり大株にならないので鉢の寄せ植えにも向く。

斑入りハイビスカス（アオイ科）

冬 春 秋 夏

花期：6～9月

草丈：50cm
日照：半日陰　病害虫：強い
特徴：花は夏の花壇のアクセントに。また花が終わっても、さわやかな斑入りの葉を長く楽しめる。耐寒性はないので、11月に室内に移すと越冬する。

一年草×花つきがよい×彩りになる

サンビタリア（キク科）

冬 春 秋 夏

花期：6〜11月

草丈：20cm

日照：ひなた　病害虫：強い

特徴：黄色いヒマワリを小さくしたような花をつけ、1株植えると地面をはうように広がっていく。花壇や鉢植えのグラウンドカバーにもなる。

ジニア プロフュージョン（キク科）

冬 春 秋 夏

花期：7〜10月

草丈：20〜30cm

日照：ひなた　病害虫：ふつう

特徴：ヒャクニチソウの仲間。花色が豊富で鮮やかなので、花壇では色のアクセントに。花もちがよく、高温多湿にも強い。

センニチコウ（ヒユ科）

冬 春 秋 夏

花期：6〜10月

草丈：20〜40cm

日照：ひなた　病害虫：ふつう

特徴：白、ピンク、紫などに色づき花に見える部分は実は花ではなく苞（ほう）の部分。耐暑性が強く、日当たりのよい場所では長く楽しめる。

アンゲロニア（ゴマノハグサ科）

冬 春 秋 夏

花期：5〜10月

草丈：30〜50cm

日照：ひなた　病害虫：強い

特徴：初夏から秋まで次々と花を咲かせる。耐暑性があり、夏場の花が少ない時期も咲くので重宝する。背が高いので花壇の後ろに植えるとよい。

アンミ ビスナガ（セリ科）

冬 春 秋 夏

花期：6〜9月

草丈：80cm

日照：ひなた〜半日陰　病害虫：強い

特徴：ホワイトレースフラワーの仲間で、ホワイトレースフラワーよりコンパクトに育つ。つぼみの時期の明るいライムグリーンも美しい。

ガイラルディア（キク科）

冬 春 秋 夏

花期：6〜10月

草丈：30〜40cm

日照：ひなた　病害虫：ふつう

特徴：和名はテンニンギク。細い花弁の先がひらひらと反り返るのが愛らしい。春咲きの一年草が咲き終わったころに植えると、秋まで楽しめる。

ペンタス（アカネ科）

冬 春
秋 夏

花期：
5～10月

草丈：20～50cm
日照：ひなた　病害虫：強い
特徴：星形の小さな花が茎先に丸くなって咲く姿がとても愛らしい花。耐暑性が強く、花のあとに切り戻すと返り咲きする。

マリーゴールド（キク科）

冬 春
秋 夏

花期：
5～10月

草丈：20～50cm
日照：ひなた　病害虫：ふつう
特徴：元気な花色で夏の花壇を彩る。また花が咲いたあとに茎を切り戻すと返り咲きも。害虫除(よ)けのコンパニオンプランツとしても活躍する。

ルピナス ブルーボンネット（マメ科）

冬 春
秋 夏

花期：
5～7月

草丈：20～30cm
日照：ひなた　病害虫：ふつう
特徴：多年草タイプのものとは違い、ブルーの花色もやわらかく、花壇をさわやかに彩る。シルバーがかった葉色も美しい。

葉ボタン（アブラナ科）

冬 春
秋 夏

花期：
11～4月

草丈：20～40cm
日照：ひなた～日陰　病害虫：ふつう
特徴：近年は品種改良が進み人気植物の一つに。コンパクトに育つうえ、日陰でも大丈夫なので、真冬の庭でオールマイティーに活躍する。

ビオラ（スミレ科）

冬 春
秋 夏

花期：
11～6月

草丈：20～30cm
日照：ひなた　病害虫：ふつう
特徴：パンジーよりも小ぶりだが、色数が豊富。冬の間咲き続け、色彩の乏しい庭に明るさをもたらす。丈夫なので初心者にもおすすめ。

ヒメキンギョソウ（ゴマノハグサ科）

冬 春
秋 夏

花期：
4～5月

草丈：20～60cm
日照：半日陰　病害虫：ふつう
特徴：金魚の尾ビレのような形をした小花が、風が吹くたびにそよそよと揺れる姿が、とても愛らしい雰囲気。リナリアとも呼ばれる。

一年草×こぼれ種で増える×ボリュームゾーンをつくる

クローバー（マメ科）

冬 春 秋 夏

花期：4～7月

草丈：10～20cm
日照：ひなた　病害虫：ふつう
特徴：牧草として、また荒地の緑化にも使われてきた植物なので、丈夫で自然に増える。近年は園芸品種も多く、花も多彩に。乾燥した場所を好む。

コスモス（キク科）

冬 春 秋 夏

花期：7～11月

草丈：40cm～1m
日照：ひなた　病害虫：ふつう
特徴：日本の秋を代表する花。地面をおおいつくすように増えて咲く。花は、イエロー、アプリコットや花弁の縁に色が入るものなども。

セリンセ マヨール（ムラサキ科）

冬 春 秋 夏

花期：4～5月

草丈：20～60cm
日照：ひなた　病害虫：ふつう
特徴：ロウのような質感の葉と筒状の花が存在感がある。花色は暗紫色と黄色の2色。1株あるだけでも、庭が大人っぽい雰囲気になる。

オルレア（セリ科）

冬 春 秋 夏

花期：4～6月

草丈：30～50cm
日照：ひなた　病害虫：強い
特徴：レースフラワーに似た花姿で、繊細でふわふわとした白色の花が春から初夏にかけて咲く。丈夫で手間いらず。切り花にしてもかわいい。

オンファロディス（ムラサキ科）

冬 春 秋 夏

花期：3～6月

草丈：20～30cm
日照：ひなた　病害虫：ふつう
特徴：ワスレナグサに似た花姿で、透明感ある白花をシルバーリーフが引き立てる。白のほかに、青色、紫色なども人気。

カレンジュラ（キク科）

冬 春 秋 夏

花期：3～6月

草丈：20～30cm
日照：ひなた　病害虫：ふつう
特徴：耐寒性があり、丈夫で、花が少ない冬季から春までよく咲く。花色、花の大きさ、草丈もいろいろあって、組み合わせ次第で花壇が華やかになる。

球根花×植えっ放しでよい×彩りになる

スイセン（ヒガンバナ科）

冬 春 秋 夏

花期：3〜5月

草丈：20〜30cm
日照：ひなた〜半日陰　病害虫：強い
特徴：開花時期の違う品種を植えれば、早春から春まで次々咲いて楽しめる。春以降は枯れた葉をとり除いておくと、球根にまた栄養がたまる。

ハナニラ（ユリ科）

冬 春 秋 夏

花期：3〜4月

草丈：20cm
日照：ひなた〜半日陰　病害虫：強い
特徴：春に清楚な花を楽しめる。耐寒性と耐暑性があり、夏には地上部が枯れるが毎年よく増えて咲く。アブラムシ予防のコンパニオンプランツとしても活躍。

ムスカリ（キジカクシ科）

冬 春 秋 夏

花期：3〜5月

草丈：10〜20cm
日照：ひなた　病害虫：ふつう
特徴：華やかなブルーが人気の小球根。よく分球し、あまり土質を選ばないので初心者向き。近年は八重咲きなど品種が豊富になってきている。

アネモネ（キンポウゲ科）

冬 春 秋 夏

花期：4〜5月

草丈：20〜30cm
日照：ひなた　病害虫：ふつう
特徴：ギリシャ語で「風」という意味をもつ花で、早春の風とともに咲いて庭を彩る。花色、花弁の形も多彩。水はけのよい土を好む。

アリウム（ネギ科）

冬 春 秋 夏

花期：4〜6月

草丈：10cm〜1m20cm
日照：ひなた　病害虫：強い
特徴：ネギ坊主のような花形が庭のアクセントに。コンパニオンプランツとして、バラにつくアブラムシを遠ざけるのでバラの近くに植えるとよい。

原種チューリップ（ユリ科）

冬 春 秋 夏

花期：4〜5月

草丈：20cm
日照：ひなた　病害虫：強い
特徴：改良品種よりも草丈が低く小ぶりなものの、色、花形が豊富。日本の気候風土にも合い、球根は地中で夏越しして、翌年もまた花を咲かせる。

カラーリーフ×半日陰でも活躍する×彩りになる

五色カズラ（キョウチクトウ科）

冬 春
秋 夏

草丈：10〜30cm
日照：ひなた〜半日陰　病害虫：強い
特徴：新芽はほんのりと赤みがあり、次第に白が強くなる。テイカカズラの仲間で日陰にも強いが、日当たりがよいほうが斑がきれいに入って美しい。

ストロビランサス（キツネノマゴ科）

冬 春
秋 夏

草丈：10cm〜1m50cm
日照：半日陰　病害虫：強い
特徴：ウルムラサキという和名があり、きれいな紫色の葉を楽しむ観葉として栽培されてきた植物。冬は室内で管理する。

ロータス・プリムストーン（マメ科）

冬 春
秋 夏

花期：6〜10月

草丈：30〜60cm
日照：半日陰　病害虫：強い
特徴：葉には細かい産毛がありふわふわとした感触。ライムストーン色の新芽とシルバーリーフのコンビネーションが庭に華やかさをもたらす。

イポメア（ヒルガオ科）

冬 春
秋 夏

草丈：30cm〜1m
日照：半日陰　病害虫：ふつう
特徴：耐寒性はないが、耐暑性にすぐれ、ライムグリーンや紫褐色など、ほかにはない色が通好み。繁殖力も旺盛なので、グラウンドカバーとして活躍する。

クローバー（マメ科）

冬 春
秋 夏

花期：4〜7月

草丈：10〜20cm
日照：ひなた〜半日陰　病害虫：ふつう
特徴：さまざまな品種があり、春から秋まで長く楽しめる。冬には葉がなくなるが、根が土の中に残って、春にまた芽吹く。乾燥した場所を好む。

コリウス（シソ科）

冬 春
秋 夏

花期：6〜10月

草丈：20〜40cm
日照：ひなた〜半日陰　病害虫：強い
特徴：サルビアのような花を摘みとると、秋には大株になって葉をこんもりと茂らせる。鮮やかな赤や黄の斑が入る葉が花のように美しい。

カラーリーフ×日陰でも活躍する×彩りになる

トラディスカンティア（ツユクサ科）

冬 春 秋 夏

草丈：10～20㎝
日照：日陰　病害虫：ふつう
特徴：白い斑入り、紫色の斑入りと、色数も多い。茎がほふくして伸びるので、冬は室内で管理する。コンテナではしだれさせて使う。

斑入りツワブキ（浮雲錦）（キク科）

冬 春 秋 夏

花期：10～11月

草丈：30～40㎝
日照：日陰　病害虫：強い
特徴：和風庭園に活躍する植物だが、洋風の庭にもよく合う。艶《つや》のある葉が日陰に映えて明るい雰囲気になる。耐寒性、耐暑性もある。

ホヤ・カルノーサ（ガガイモ科）

冬 春 秋 夏

花期：6～9月

草丈：30㎝～1m
日照：日陰　病害虫：強い
特徴：サクラランという名前でも知られている。薄いピンク味を帯びた斑入り葉が、花壇のポイントになる。耐寒性がないので、冬は室内で管理を。

カラジューム（サトイモ科）

冬 春 秋 夏

草丈：30～60㎝
日照：日陰　病害虫：ふつう
特徴：春に芽吹き、夏に大きく葉を広げて秋までシェードガーデンを明るく彩る。鉢植えにして玄関ポーチなどに置いても。冬は室内に。

ヘレボルスガーデンハイブリッド（キンポウゲ科）

冬 春 秋 夏

花期：1～3月

草丈：20～30㎝
日照：ひなた～日陰　病害虫：強い
特徴：クリスマスローズの園芸種で、丈夫で花色や花形が豊富で人気。日陰でも花数は少ないがシックな花を元気に咲かせる。

シッサス ディスカラー（ブドウ科）

冬 春 秋 夏

草丈：20～60㎝
日照：日陰　病害虫：ふつう
特徴：葉が美しいつる植物。葉脈以外の部分にシルバー色の斑が入り、コンテナ植えなどに活躍する。茎、葉裏、巻きひげの赤紫色もシック。

鉢植えに向く×花期が長い×常緑

ゼラニューム（フウロソウ科）

冬 春 秋 夏

花期：3～12月

草丈：20～40㎝
日照：ひなた　病害虫：ふつう
特徴：小さな花が手まりのように集まって咲く花姿が愛らしい。乾燥に強く、四季咲き性。真冬と真夏以外はよく咲き続ける。茎は木質化する。

ブルーデージー（キク科）

冬 春 秋 夏

花期：3～5月、10～12月

草丈：20～30㎝
日照：ひなた　病害虫：ふつう
特徴：スッと伸びた茎の先に鮮やかなブルーの花を１輪ずつつける。真夏、真冬を除いて咲き続け、肉厚の葉は常緑。株も大きくなる。

ペラルゴニウム（フウロソウ科）

冬 春 秋 夏

花期：4～7月

草丈：20～30㎝
日照：ひなた　病害虫：ふつう
特徴：ゼラニウムの仲間で、小輪、大輪、縁にフリルがあるもの、斑入りのものなど、多くの品種がある。葉は常緑でさわやかな香りがする。

カリブラコラ（ナス科）

冬 春 秋 夏

花期：4～11月

草丈：30㎝
日照：ひなた　病害虫：強い
特徴：ペチュニアに似た花を咲かせる。花色も豊富で、咲いた花を切り戻すと、晩秋まで次々と返り咲く。株も大きくなって、冬越しもできる。

クリサンセマム マウイ（キク科）

冬 春 秋 夏

花期：7～8月

草丈：20～30㎝
日照：ひなた　病害虫：ふつう
特徴：マーガレットに似たピンク色の花を次々に咲かせる。耐寒性が強く、花が終わってもシルバーリーフが常緑なので寄せ植えに向く。

宿根ネメシア（ゴマノハグサ科）

冬 春 秋 夏

花期：10～6月

草丈：20～30㎝
日照：ひなた　病害虫：ふつう
特徴：耐寒性が強く花色が豊富。ビオラ、パンジーに次いで、冬から春の庭の主役として活躍する。耐暑性もあり、夏は花は休むが株は残ることもある。

低木×植えっ放しでよい×シンボルツリーになる

ツバキ エリナ（ツバキ科）

冬 春 秋 夏

草丈：1m
日照：ひなた～半日陰　病害虫：ふつう
特徴：常緑低木で、春先にかわいらしいピンクがかった花を咲かせる。ほかのツバキにはない繊細な細葉としなやかな樹形が特徴。耐寒性がある。

花期：3～4月

ツリージャーマンダー（シソ科）

冬 春 秋 夏

草丈：50cm～1m
日照：ひなた　病害虫：強い
特徴：常緑低木。寒さに強く、薄いブルーの小さな花と銀灰色の葉が美しい。刈り込みにも強いので生垣に。また、自然のままの樹形も楽しめる。

花期：6～7月

斑入りマートル（フトモモ科）

冬 春 秋 夏

草丈：50cm～1.5m
日照：半日陰　病害虫：ふつう
特徴：常緑低木。初夏に白い梅に似た花をつけ、細長いオシベが美しい。ヨーロッパでは結婚式のブーケに使われる。高木にならずコンパクトな樹形。

花期：5～7月

ピンクアナベル（アジサイ科）

冬 春 秋 夏

草丈：50cm～1m
日照：ひなた　病害虫：強い
特徴：落葉樹。新しく伸びた枝に桃色のアジサイに似た花がつく。日当たりのよい場所に植えて置くと自然にボリュームがでて、フォーカルポイントになる。

花期：5～7月

イチゴノキ（ツツジ科）

冬 春 秋 夏

草丈：1.5～5m
日照：ひなた～半日陰　病害虫：ふつう
特徴：常緑低木。ドウダンツツジのようなかわいらしい花が咲き、秋につく赤い実は食べることもできる。また、成木になると樹皮が赤くなり美しい。

花期：11～12月

オーストラリアン・ローズマリー（シソ科）

冬 春 秋 夏

草丈：50cm～1.5m
日照：ひなた　病害虫：強い
特徴：シルバーリーフでやさしいふわふわした雰囲気の常緑低木。細長い葉や紫色の花がローズマリーに似ている。耐寒性はあるが霜には注意。

花期：4～10月

バラ×デザインのポイントになる

つるバラ

スブニール・ドゥ・ドクトルジャメイン

樹高：1.8～3m
花期：一季咲き
花形：カップ咲き
花色：濃赤
香り：強香
結実：する
トゲ：ふつう
特徴：濃い光沢ある赤色が美しい。半日陰でも咲く。

バフビューティ

樹高：2～3m
花期：四季咲き
花形：中輪ロゼット咲き
花色：アプリコットイエロー
香り：強香
結実：する
トゲ：ふつう
特徴：強健でよく伸びる。さわやかな強い香りを放つ。

ブルーランブラー

樹高：4m
花期：一季咲き
花形：小輪房咲き
花色：赤紫
香り：微香
結実：する
トゲ：少ない
特徴：耐寒性があり初心者でも扱いやすい。紫みを帯びた花色が大人っぽい。

レオナルドダビンチ

樹高：2m
花期：返り咲き
花形：クォーターロゼット
花色：濃いピンク
香り：微香
結実：しない
トゲ：多い
特徴：アンティークな雰囲気をもつ、現代バラ。耐病性にもすぐれ花つきもよい。

アンジェラ

樹高：3m
花期：四季咲き
花形：カップ咲き
花色：濃いピンク
香り：微香
結実：しない
トゲ：多い
特徴：強健で透明感のあるピンクが美しい人気のバラ。ローズガーデンの主役に。

コーネリア

樹高：2～5m
花期：返り咲き
花形：中輪カップ咲き
花色：アプリコットピンク
香り：中香
結実：する
トゲ：少ない
特徴：病害虫に強く、しなやかによく伸びる。実もかわいい。

コンスタンス スプライ

樹高：2m
花期：一季咲き
花形：八重咲き
花色：ソフトピンク
香り：強香
結実：しない
トゲ：少ない
特徴：強健で透明感のある人気バラ。一気に咲いた風景は息をのむような美しさ。

サハラ‘98

樹高：2～3m
花期：四季咲き
花形：丸弁平咲き
花色：黄色～アプリコット
香り：微香
結実：しない
トゲ：多い
特徴：黄色からピンクの色みを帯びたアプリコットに花色が変化し、庭のアクセントに。

バラ図鑑の見方

樹高：つるが伸びる長さを含めた株の高さ
花期：一季咲き▶春のみ咲く　四季咲き▶春から晩秋まで定期的に咲く　返り咲き▶春から晩秋まで不定期に咲く
花形：一重咲き▶花びらが５枚で、平らに咲く　半八重咲き▶花びらが６～19枚で二重に重なって咲く
八重咲き▶花びらが20枚以上でぎっしりと咲く
結実：秋になると実がつくバラを表記。四季咲きも、次の花のための切り戻しをしなければ結実するものがあります。
花色：標準的な花色を表記　香り：強香、中香、微香の３段階で表記　：初めてバラを育てる人におすすめ

木立ちバラ

アイスバーグ

樹高：1m
花期：四季咲き
花形：半八重咲き
花色：白
香り：中香
結実：する
トゲ：少ない
特徴：白バラの代表種。葉はきれいな緑の照葉で、扱いやすい。つるタイプもある。

ウィリアムモリス

樹高：3m
花期：四季咲き
花形：八重咲き
花色：ピンクアプリコットから薄ピンクに変化
香り：強香
結実：しない
トゲ：ふつう
特徴：花つき、花もちがよい。秋まで繰り返し咲く。

シュネープリンセス

樹高：1m
花期：四季咲き
花形：カップ咲き
花色：白
香り：微香
結実：しない
トゲ：少ない
特徴：丈夫な小輪種でよく返り咲く。「スノー・ホワイト」の別名もある。

モーリスユトリロ

樹高：1m
花期：四季咲き
花形：八重咲き
花色：濃いピンクと黄色から白の絞り
香り：強香
結実：しない
トゲ：多い
特徴：個性的で品のあるフレンチローズ。非常に強健。

半つるバラ

バリエガータ ボローニャ

樹高：2m
花期：一季咲き
花形：カップ咲き
花色：白×ピンク
香り：強香
結実：しない
トゲ：ふつう
特徴：絞り咲きの代表品種。濃いピンクと白の斑入りが個性的な庭を演出する。

バレリーナ

樹高：2m
花期：四季咲き
花形：一重の平咲き
花色：ピンク
香り：微香
結実：する
トゲ：ふつう
特徴：小さめの花が無数に群れるように咲く。秋の結実した風景も見栄えがする。

ペネロープ

樹高：4m
花期：四季咲き
花形：半八重咲き
花色：白～ソフトピンク
香り：中香
結実：する
トゲ：少ない
特徴：強健で秋までよく返り咲く。壁面をおおうほど、つるがよく伸びる。

ラレーヌビクトリア

樹高：3m
花期：返り咲き
花形：カップ咲き
花色：濃いピンク
香り：強香
結実：しない
トゲ：ふつう
特徴：オールドローズ・ブルボンの系統を代表する。つるバラに近い性質でよく伸びる。

COLUMN

色合わせのポイント

色合わせも植物選びの重要な要素です。好みの色ばかりを集めて植えてしまうと、まとまりのない庭になってしまうことがあります。だれが見ても心地よく見える色合わせのポイントを押さえておきましょう。

Point 3

同じ色を2〜3カ所に散らすとまとまって見える

チェリーセージ、ゼラニュームの赤色を３カ所に散らすことで、まとまりのある空間をつくりあげています。

Point 1

大きいコーナーの場合、3つのパートに分けて色合わせを考える

右側は白、ピンク、明るいオレンジなどの明るめの色でまとめ、奥は緑色を中心に、左側は渋いオレンジ、紫、濃いめの赤など大人っぽい雰囲気の色合いでまとめています。

Point 2

明るい色を集めたコーナーには渋めの葉物などを加えると落ち着く

斑入りのヒューケラやギボウシを花の間に入れて、落ち着いた雰囲気にしています。

Point 5

カラーリーフをベースにして、暖色系、または寒色系の色を入れるとこなれた印象になる

キンギョソウのきれいな赤色系の葉とアンティークカラーのビオラが美しい寄せ植えです。

Poin4

単色の色合わせはグラデーションで変化をつける

ピンク色のエリアは、花色を濃淡のグラデーションに。ティアレラの渋い葉色とともに落ち着いた雰囲気です。

PART 4

初めての庭づくり

庭づくりのノウハウから、
メンテナンスのポイントを
ご紹介していきます。庭植えでも
鉢植えでも、基本にもとづいて
1年のサイクルをこなしてみましょう。

STEP1

必要な道具をそろえる

たくさんの道具は必要ありませんが、
最小限のものがそろっていると、庭づくりがしやすくなります。
最初にあると便利な道具を紹介します。

ガーデンポシェット

ハサミなど一式を入れて、お手入れをするときに腰に巻きます。いろいろなデザインのものが出ていますが、刃をしっかりカバーする革素材がおすすめです。

枝切りバサミ

枝を切る専用のハサミです。バネの力で、硬い枝が楽に切れる構造になっています。

ツール箱

細かいガーデングッズをまとめて入れておける箱があると、すぐに作業ができて、片付けも楽です。

スプレーボトル

病気・害虫予防の薬を希釈してからかけたりするときに使用します。軽くて、片手で扱えるものを。

ガーデングローブ

手の汚れやケガを防ぎます。なるべく手にフィットしているものを選びましょう。草むしりなどは、手にぴったりフィットするキッチン用の使い捨て手袋もおすすめです。

ジョウロ

水を入れても持ちやすく軽いものを。外用水栓があればハス口のついたホースをとりつけます。

ハサミ

植物専用のものを1本準備します。使用したあとは、きれいにふいて乾かしてからしまうと切れ味が長く続きます。

麻ひも

ビニール素材や針金が中に入ったものなどいろいろありますが、自然素材のものが植物にもやさしいのでおすすめです。

ほうきとちりとり

落ち葉や花柄を掃除したり、作業後に散らかった庭をきれいにしたりするのに使います。

スコップ

木を植えるとき、大きくなった宿根草を掘り上げるときなどに使います。女性は片手でも扱える小さいものがおすすめです。

ガーデンエプロン

ひざ下まであって、前に深いスリットが開いているデザインが、作業しやすいうえ、服が汚れないのでおすすめです。

ガーデンブーツ

ちょっとした作業ならスニーカーなどでも大丈夫です。地植えの庭で本格的につくりたい方は、履きやすいブーツを準備しましょう。

土入れ

土がたっぷりすくえるように深めのカップ型になっています。

フォーク

硬くなっている土をふかふかに耕すときに使います。

移植ゴテ

苗を植えるときに花壇の土を掘ったり、軽くたがやしたりするときに使います。

ふるい

土から石や根の残りなどをふるい分けるときに使います。

根切りナイフ

宿根草を株分けするとき、草むしりのときに雑草の根を切るために使います。

資材は必要に合わせてそろえる

資材は、つくる庭によって必要なものが違ってきます。庭のデザインが決まってからそろえるようにしましょう。

フェンス

つる植物をからませたり、ハンギングバスケットをかけたりするときに使います。隣家との目隠しにもなります。／アイアンフェンス・シャルカ

鉢

寄せ植えするのであれば口径の大きいもの、低木やバラを植えるのであれば深さがあるものなど、植え方や植物、置き場所によっても変わります。／テラコッタ鉢・シャルカ

STEP2

土づくりをする

土づくりもなるべく手間をかけずに植物に合う環境に整えていきましょう。
花壇を新しくつくるとき、鉢植えのとき、植え替えるときで変わります。

新しくつくった花壇に入れる土

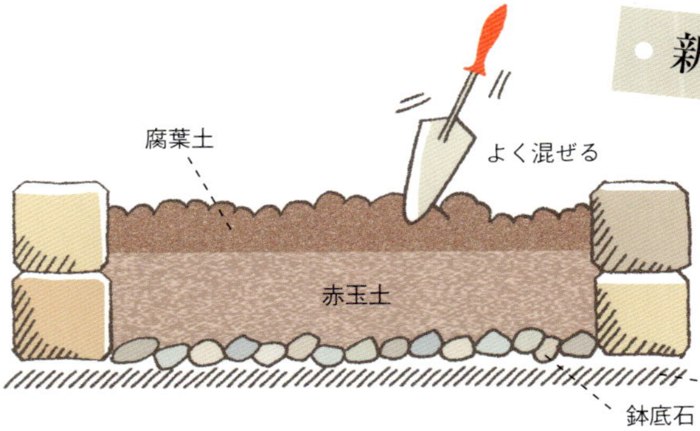

鉢底石をひと並べした上に、赤玉土（または元からある土）を花壇全体の7割程度、腐葉土（または堆肥）を3割程度入れてから、元からある土まで含めてスコップでよく混ぜます。

【手順】

鉢底石をひと並べし、赤玉土を花壇の7割まで入れます。

花壇の3割程度を目安に腐葉土を入れます。

花壇の下の元からある土まで含めてスコップでよく混ぜます。

土づくりにあるとよいもの

鉢底石

鉢や花壇の土の中の水はけをよくするために入れる、軽い石。花壇の底や鉢底にひと並べします。

赤玉土

関東ローム層の赤土を均一の粒状にし、保水性、排水性をよくした土。花壇で庭の土が足りないときに使用します。

培養土

土に肥料、腐葉土、石灰などを混ぜ込んで、植物の生育に最適な状態にした土です。鉢植えは培養土を使うのをおすすめします。

腐葉土

落ち葉や小枝を堆積して完全に腐らせたもの。栄養分が高く堆肥の代わりにもなりますが、堆肥よりも養分は少なめです。

堆肥

牛糞、馬糞などの有機物を完全発酵させてつくった土壌改良材です。腐葉土より養分があるので、バラも堆肥がおすすめです。

貝殻石灰

牡蠣殻などからつくった天然の石灰。元からある土で花壇をつくる場合に混ぜます。

新しい鉢に入れる土

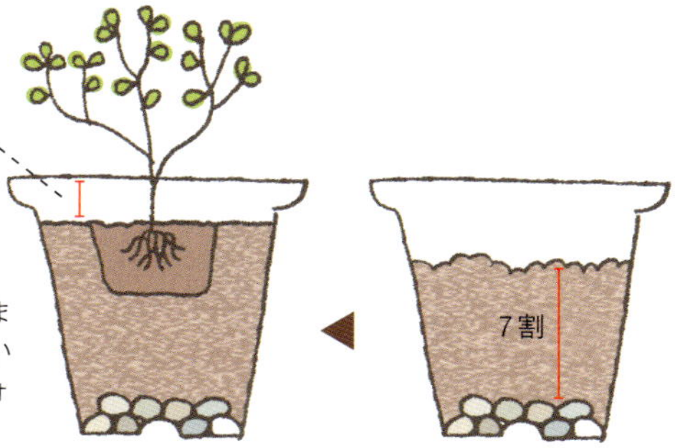

土を足しながら苗を植えつけます。水やり時に土がこぼれないように、縁から2～3cmのウォータースペースをとります。

鉢底石を底にひと並べし、培養土を入れます。基本的には、鉢の土は培養土のみで大丈夫です。

【手順】

鉢底ネットを敷きます。

鉢底石をひと並べします。

培養土を鉢の7割まで入れて苗を置き、ウォータースペースまで土を足します。

MEMO※

培養土は自分でつくっても可

赤玉土7割、腐葉土3割をよく混ぜれば、培養土になります。大量に使うときは、自分でつくったほうが経済的です。

植え替えるときの土（花壇・鉢共通）

掘り上げた穴の3割の割合で腐葉土、または堆肥（バラの場合）を入れ、あとは、掘り上げた土、または培養土を使って新しい植物を植えます。

【手順】

掘り上げた穴の底に3割を目安に腐葉土、または堆肥を入れます。

新しい植物をポットから出し、根鉢の底を少しほぐしてから置きます。

掘り上げた土、または培養土でしっかり埋めて押さえます。

STEP 3

花壇をつくる

植える場所をつくってみましょう。
形や大きさは自由ですが、
奥行きが広くないほうが奥まで手が届くので管理が楽です。

ここでは、10×10×28cmのレンガを16個使用。

用意するもの／レンガ（石、木など花壇の縁になるもの）、
赤玉土（庭土が足りない場合）、腐葉土、スコップ、支柱4本、ひも、
水平器（レンガや石を積む場合）

1 花壇のサイズを決める

レンガ1個分の長さを測り、並べてぴったり収まるサイズを測ります。四隅に支柱を立てて、ひもで結んで囲み、大きさを確認しましょう。

2 レンガを敷く

1で囲んだひもを目印にして、レンガの奥行き分の土を四辺掘り上げます。その後、レンガを敷いていきます。

3 水平を確認

水平器でレンガが水平になっているか確認します。水平になっていない場合は、土を掘ったり足したりして調節します。

4 2段目を詰む

2段目のレンガを積みます。※1段目と半分ずらして重ねたい場合は、購入店でレンガを2個分の半分のサイズにカットしてもらい4個準備しておきます。土の入れ方はP.80参照。

STEP4

植物の植え方のコツを知る

花壇ができて土が入ったら、
プランニングして植物を植えます。
植物の種類ごとに植え方のコツがあるので知っておきましょう。

低木を植える

高木も含め、樹木の植え方の基本です。最後に土手をつくって、水をたっぷり地中に入れるのがポイント。

用意するもの／低木、スコップ

1 場所を決める

オーストラリアン・ローズマリーを植えます。予定の場所にポットごと仮置きして確認します。

2 植え穴を掘って入れる

鉢の高さ分の植え穴を掘り、ポットから株を出して入れます。

3 くぼみをつくって水やりする

掘り上げた土をしっかりかぶせ、株のまわりにドーナツ状の土手をつくります。土手の中に水をたっぷり入れます。

4 土手をかぶせる

土を根のまわりに入れて水となじませ、上からしっかり土を押さえたら、植え込み終了です。

苗を植える

宿根草も一年草も植え方は同じです。
既存の花壇に植える場合は、土に腐葉土をすきこんで土壌改良します。
用意するもの／苗、腐葉土、移植ゴテ、ジョウロ

1 土に腐葉土をまく

植える場所の表土に腐葉土をまきます。

2 移植ゴテで混ぜる

移植ゴテで既存の土とよく混ぜて土壌改良します。

3 植え穴を掘る

植える苗の根鉢分の深さの穴を掘ります。

4 苗をポットから出す

苗の株元を持ってポットから出します。

5 根鉢をくずす

根が固まっているので、下のほうを少しくずします。

6 上から押さえる

植え穴に入れて土を戻し、上からしっかり押さえます。

種をまく

種ごとにまく時期、まき方などが違うので、種袋にのっている情報を確認することが大切です。
また古い種は発芽しにくいので注意しましょう。

用意するもの／種

1 種袋をチェック

まず、種袋に記載されている情報を表裏ともに、しっかり確認します。

2 溝をつくる

土を湿らせてから指で0.5～1㎝の深さの溝をつくります。

3 溝に種をまく

なるべく重ならないように均一に種をまきます。

4 土をかぶせる

上から薄く土をかぶせます。

5 水を与える

さらに上からしっかり水やりをします。

6 発芽を確認

発芽を確認します。鉢植えなど間引きが必要なものは、元気な芽を残して間引きをします。

球根を植える

適切な時期に植えておけば、地中で栄養をたくわえてしっかり咲いてくれます。
季節を告げるアイテムとして上手に使いましょう。

用意するもの／球根、腐葉土、移植ゴテ、ジョウロ

1 土に腐葉土を混ぜる

既存の花壇に植える場合は、土に腐葉土を混ぜて土壌改良します。

2 植え穴を掘る

球根の高さの2倍の深さの植え穴を掘ります。

POINT※

球根をタテに2つ並べてみると、植え穴の深さが分かります。

3 植える

植え穴に球根のふくらんでいるほうを下側にして置きます。倒れそうならば少し土の中にさします。

4 土をかぶせる

掘り上げた土を戻します。

5 水やりをする

球根の深さまで届くように、水をたっぷり与えます。

大鉢に花を寄せ植えする

鉢にいくつかの花を寄せ植えしてみましょう。
大鉢はハードルが高いという方は、小さな鉢に2～3種類を植え込んでもよいでしょう。
用意するもの／大鉢、苗、培養土、鉢底石、鉢底網、土入れ、ジョウロ

1 準備する

苗は、ラナンキュラス×2、ベロニカ×2、ビオラ×2、アリッサム×2、斑入りフロックス×3を用意。

2 土を入れる

P.81を参照して、鉢の7割まで培養土を入れます。

3 ポットを置く

ポットごと苗を置いてみて、植え場所を決めます。

4 植える

苗をいったん大鉢から出して、P.84を参照して、今度は一つずつ植え直します。

5 土を足す

苗と苗の間に培養土を足して、安定させます。鉢の縁から2～3cmはウォータースペースにします（▶P.81）。

6 水を与える

根にしっかり水がいくように苗と苗の間にたっぷりそそぎます。

STEP5

プランを立てて植える

一年間の植栽スケジュールを立ててみましょう。
地植えの庭では基本的に年2回の植え替えで、
庭がきれいに保てるようにします。

この庭のプランニングのポイント

宿根草のカラーリーフを中心に、最小限の一年草を足しながら「きれい」を保つローメンテナンス&ローコストガーデンです。初夏にフェンスに誘引しているつるバラに合わせ、明るく、さわやかなイメージでまとめます。

つるバラの開花と同時に、オルレア、ジギタリスの花が咲き、初夏の装いに。ヒューケラの斑入り葉もグラウンドカバーとしての効果を発揮しています。3月の時点では根のみが土の中にある状態だった斑入りのギボウシ❻が生長して、オルレアの足元をカバー。

【植えつけ時季3月末】

❶ヒューケラ／美しい斑入り葉が一年を通して楽しめる宿根草です。❷オルレア／レースのような白い花が、初夏の庭に涼を呼び込みます。バラの上手なひきたて役にも。❸ジギタリス／バラと同じ開花時期の花です。宿根草ですが、夏の暑さに弱いので一年草として植えます。❹ペンタス／春から初夏に花茎を伸ばします。バラの開花が終わったころから初秋まで咲く花です。❺アジュガ／ほふくして伸びるのでグラウンドカバーに。

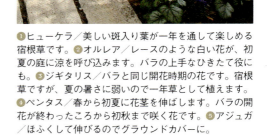

一年草を抜いたあとに、ダリア、一年草のチョコレートコスモス、ユーフォルビア、赤葉ヒエなどを植栽。シックな秋色で統一しています。

※ 一年の植栽プラン ※

12月	11月	10月	9月	8月	7月	6月	5月	4月	3月	2月	1月	12月	
					秋咲きの球根花や一年草、宿根草が出回りはじめます。		次々と咲く花を楽しむ季節。				春咲きの球根花や一年草、宿根草が出回りはじめます。		
						葉を楽しむ	開花				1 ヒューケラ		宿根草
						葉を楽しむ	開花				6 ギボウシ		宿根草
						葉を楽しむ	開花				5 アジュガ		宿根草
		開花			9 赤葉ヒエ	7 チョコレートコスモス	開花				2 オルレア		一年草
		開花			10 コリウス	8 ユーフォルビア	開花				3 ジギタリス		一年草
						開花					4 ペンタス		一年草
		開花				11 ダリア	葉を残し球根を育成	開花			チューリップ		球根花
							葉を残し球根を育成	開花			原種チューリップ		球根花

11月末の庭

宿根草が庭になじんで。そろそろ植栽を整理して、来年に向けての植えつけをする時季です。

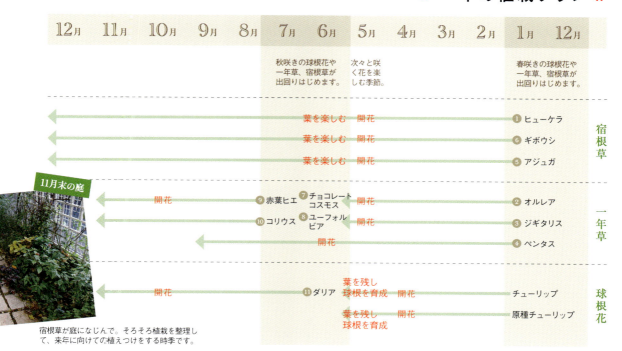

STEP 6

最低限のメンテナンスで庭を保つ

環境に合った丈夫な植物を植えていれば、あとは、水やりや花柄摘みなど、
最低限のメンテナンスで、庭をきれいに保っていくことができます。

水やり

地植えの花壇は、植えつけ後の水やり以降、よほど乾燥した日が続かないかぎり真夏以外は週に1〜2回で大丈夫です。鉢植えは土が乾燥しやすいので、1日1回を目安にたっぷりと与えましょう。

【寄せ植えした鉢】

株と株の間からたっぷり与える

株と株の間にジョウロの先を入れ、すべての株にまんべんなく与えます。鉢の下から水が出てくればOKです。

【地植え】

株元に直接たっぷり与える

花や葉の表面で水がはじき返されないように、株元に直接与えるようにします。

MEMO※

忙しい人は自動灌水装置を

蛇口にタイマーを取りつけて、時間設定などかんたんな操作で、花壇や鉢に自動で水やりが可能に。／「水やりスターターキットタイマー付(家庭菜園用)」・タカギ

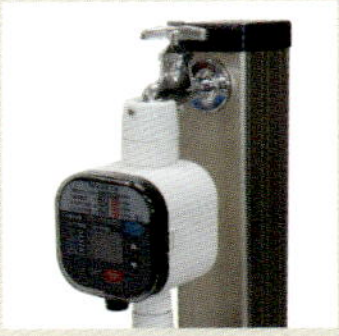

雑草で乾燥をふせぐ

雑草をとり除いて地表がむきだしになるよりも、見た目がゆるせる範囲で雑草を生やしておいたほうが乾燥は防げます。雑草も上手に利用しましょう。

【1年のメンテナンスカレンダー】

12月 11月 10月 9月 8月 7月 6月 5月 4月 3月 2月 1月 12月

植えつけ・庭の整理（12月）
植えつけ・庭の整理（7月〜6月）
植えつけ・庭の整理（1月〜12月）
水やり（12月〜12月）
花柄摘み▶P.91（12月〜12月）
切り戻し▶P.92（5月〜10月）
宿根草の整理▶P.93（11月〜12月）
病害虫対策▶P.95（4月〜10月）
春球根の植えつけ▶P.86・P.94（12月〜10月）

花柄摘み

花が咲くのは養分をたくわえて次の種をつくるためです。
養分をたくわえ始める前に花を摘むことで、次々と咲く花を楽しむことができます。
特に、土の量が限られている鉢植えは早めに花柄摘みをしていくことが大切です。

PATTERN 1
花がついている茎の葉の上で摘む

BEFORE

茎の先に花がついています。その花が終わりに近づいていたら、いちばん上の葉の根元で摘みます。

AFTER

葉のつけ根から再び次の花芽が伸びて、花が咲きます。

PATTERN 2
地際から花がついている茎を摘む

BEFORE

地際から茎が直接出ているものは、茎のいちばん下で摘みます。

AFTER

次の花芽が地際から伸びて、花が咲きます。

MEMO※

花柄を摘むことで病害虫予防も

終わりかけた花をいつまでも放置していると、見た目が悪くなるばかりか、病害虫が発生しやすくなります。お出かけや水やりのついでに、ちょっと花柄を摘む習慣をつけると、庭がきれいに保てます。

切り戻し

花数を増やしたり、生長しすぎた株をコンパクトにしたり、風通しをよくしたいときなどに、茎や枝の切り戻しをします。思い切って切ることで、根が元気になって、弱っていた植物もよみがえります。

PATTERN 1

脇芽の上で切り戻して花数を増やす

BEFORE

主幹から出ている葉のつけ根から脇芽が出ているのを確認します。どの高さの脇芽でも大丈夫です。花壇のバランスを見て決めましょう。

▼

AFTER

主幹がばっさりと切り落とされました。小さな脇芽がこれから生長します。

PATTERN 2

伸びすぎた宿根草を短く整える

BEFORE

植えっ放しの宿根草が伸びすぎていたら、適宜、脇芽の位置で切って短くします。

▼

AFTER

ほふくしてテラスまで伸びていたアルテナンテラを整理。適宜整理することで、花壇全体のバランスも整います。

PATTERN 3

バラは元気な5枚葉の上で切る

四季咲きのバラは、咲いたら早めに元気な５枚葉の上で切ります。そうすることで秋まで繰り返し咲きます。一季咲きのバラも、切り戻すことで、元気なシュート（翌年の枝）がたくさん出るようになります。

MEMO※

花柄摘みと切り戻しの違い

花柄摘みは、終わった花を茎の根元で摘みとることで、切り戻しは、次の花芽の上で切り戻すことをいいます。切り戻しは、花芽、脇芽の上なら、どの高さで切っても大丈夫です。

宿根草を整理する

宿根草で常緑でないものは、枯葉を整理することで、病害虫のリスクを防ぎ、
発芽した新芽に光を当てます。また、3〜4年に一度は掘り上げて株分けを行いましょう。

PATTERN 1

地際で枯れた茎を切り落とす

冬前に枯れた丁字草《ちょうじそう》。

▼

地際で切って、枯れた部分はすべて捨てます。

▼

すでに次の芽が出ています。芽が出ていなくても、地上部が枯れた宿根草は同様に整理しましょう。

PATTERN 2

3〜4年に1回、株分けをする

地上部の葉を切ってから根を傷つけないように、株のまわりにスコップを入れて掘り上げます。

▼

植えたときの3〜4倍になっています。根切りナイフで根を2つにざっくりと切ります。大きい場合は3つに切り分けても可。

▼

小さくした株を同じ場所に植え直します。切り分けたほかの株は別の場所に植えます。こうすることで、宿根草が再び活性化し、大きさや形を保つことができます。

球根を分球する

植えっぱなしの球根は、掘り起こして分球することで、球根が活性化して元気になります。
花が咲かなくなったら行いましょう。

1

4年前に4球ずつ植えたスイセン。自然に分球して3倍程度に増えています。花つきも悪くなってきたので、分球します。

2

掘り起こすと球根がギッシリ固まった状態になっています。手でていねいにほぐしていきます。

3

1球ずつバラバラに分けます。

4

鉢の中の土は切れた根やゴミをきれいにとり、堆肥を土の3割程度になるように足して混ぜます。

5

植えつけます。球根花はある程度密集して植えたほうが生育がよいので、10球程度をひとまとめにして植えつけます。

6

植えつけ完了です。葉同士の隙間があいて、風通しもよくなりました。余った球根は別の場所に植えましょう。

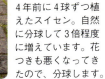

STEP7

病害虫を予防する

自然の中にあるかぎり、病害虫を完全に防ぐことはできません。
早期発見で早めに対処することが大切です。
病害虫を防ぐポイントや対策を知っておきましょう。

病害虫を予防するポイント

あらかじめ、薬をまいておくこともできますが、
なるべく環境によい自然のままの庭づくりをしたい方は、以下の4ポイントを押さえてみてください。

よく観察する

水やりや花柄摘みのときに、葉やつぼみに変化はないか、株元に虫のフンのようなものが落ちていないか、葉の裏に異常がないかなども見ます。次のページに観察ポイントをまとめたのでご参照ください。

枯葉とり・花柄摘み

植物も生き物なので新陳代謝を繰り返しながら生長していきます。不要になったものをそのままにしておくと、そこから病害虫が発生することもあるので、早めにとり除きましょう。

丈夫な植物を植える

お手入れに時間がとれない人は、なるべく病害虫に強い丈夫な植物を選びましょう。また、庭の日照条件など環境に合う植物を選ぶことも大切です。

風通しをよくする

花壇ならば、まめに切り戻しをすることで風通しがよくなって、植物の生長を助けると同時に病害虫を予防します。「枝葉がいっぱい出て入り組んできた」と思ったら、切り戻しをしましょう。

〈早期発見のための観察ポイント〉

病害虫のサイン	対策
 葉が虫に 食べられたあとがある	小さな穴であればそのままで大丈夫です。半分ぐらい食べられている、葉脈しか残っていない場合は、害虫が発生しているサインなので、まず葉をとり除いてから、全体に生薬などを散布します。
 葉やつぼみに アブラムシがついている	少しであればセロハンテープなどでとり除きます。たくさんついているようならば、被害にあっているつぼみや葉を切りとります。
 下のほうの葉が黄色、 または茶色に 変色している	ほとんどが生理的に不要になった葉なので、とり除きます。鉢は水不足や土の乾燥も考えられます。
 葉に黒いシミが ついている	黒星病という病気の可能性があります。小さなシミで、数枚であれば葉をとり除きます。鉢植えならば、風通しのよい場所に移動します。
 茎に白い貝殻の ようなものがついている	貝殻虫という虫です。飛び散らないようにオリーブオイルを古いハブラシにつけてこすってとり除きます。専用のブラシもあります。
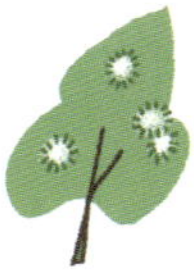 葉が粉をかけたように 白くなっている	ハダニ類、またはうどん粉病かもしれません。被害にあっている葉を取りのぞき、葉裏に水をよくかけるようにします。壁際や風通しが悪いと多い現象です。
 葉や茎に 毛虫がいる	蛾《が》や蜂《はち》の幼虫かもしれません。中には毛に毒をもっているものもいるので、触らないように葉や茎ごと切り、ビニール袋などに入れて補殺します。

上手に利用したいコンパニオンプランツ

コンパニオンプランツとは、病害虫の発生をおさえたり、
生長を助けたりする効果があるといわれている植物です。
香りの強いハーブ類が多いので、植栽のプランを立てるときに意識して選んでみましょう。

コンパニオンプランツは風上に植えると効果が増す

ローズガーデンの手前に、アリウム・ギガンチュームを植えて、バラにつくアブラムシを効果的に予防しています。丸い花もチャーミングで、バラともよく合っています。

小さな庭におすすめのコンパニオンプランツ

アリウム・ギガンチューム（ユリ科）

アブラムシを遠ざける以外にも、地中の病原菌を抑制する効果も。

ローズマリー（シソ科）

アブラムシや蛾や蜂の幼虫を遠ざけます。丈夫で香りもさわやか。

ラベンダー（シソ科）

アブラムシや蛾や蜂の幼虫予防に。暑さにも強い品種を選びましょう。

セージ（シソ科）

上と同じシソ科のコンパニオンプランツ。葉に香りがあるもののほうが効果的。

キャットミント（シソ科）

アブラムシほか、多くの害虫を遠ざけます。また、ミツバチなどの益虫を誘引。

クローバー（マメ科）

害虫を遠ざけ、地面の乾燥や雑草を防ぎます。マメ科の多くが該当します。

ドクダミ（ドクダミ科）

さまざまな害虫を遠ざけます。増やしすぎない程度に管理を。

スイセン（ヒガンバナ科）

さまざまな害虫を遠ざけます。また、地中の病原菌を抑制する効果も。

ナスタチューム（ノウゼンカズラ科）

アブラムシなどの害虫を遠ざけ、テントウムシなどの益虫を誘引します。

コンフリー（ムラサキ科）

あらゆる病害虫を遠ざけます。葉はよい堆肥にもなるともいわれています。

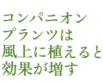

体にも植物にも安心！天然由来の生薬をつくってみよう！

天然由来の生薬を植物の元気なうちに定期的（水やり時など）に散布することで、病害虫の被害をだいぶ防ぐことができます。
また、被害にあってからも散布できます。
バラなど特に病害虫にかかりやすい植物を育てている方はぜひ試してみてください。

準備するもの／木酢液《もくさくえき》、ドクダミ、ニンニク、トウガラシ、ガラスの保存容器3個。

1

それぞれの保存容器に、トウガラシ、皮をむいたニンニク、ドクダミをひとつかみずつ入れ、木酢液を10倍量程度入れます。

2

しっかりふたをして、3カ月〜半年程度、雨のかからない涼しいところに置いて漬けます。

3

半年漬けたものです。右がドクダミ、左がトウガラシです。

4

霧吹きに、生薬を10〜20cc程度入れ約300ccの水で希釈します。

5

葉の表、裏、茎などにたっぷりかけます。生薬同士を混ぜても問題ありませんが、ドクダミをかけたら、翌日はトウガラシというように、3種類を順番にかけたほうが効果があるようです。

PART 5

ステップアップしながら、
もっと楽しむ庭づくり

テラスやガーデンシェルフづくり、
ハンギングバスケットや寄せ植えなど、
小さな庭でも実践可能な庭仕事を
ピックアップしました。
ぜひ、挑戦してみてください。

テラスをつくってみよう

変形敷地などのデットスペースがあれば庭にしたいところですが、
すべて花壇にしてしまうよりも、ペイビング資材を使ってテラスをつくると、
植物のお手入れがしやすくデザイン的にもまとまります。
モルタルで固めずにつくる方法なので、初めてでも大丈夫です。

準備するもの／好みのペイビング資材（大きくて重めのもののほうが安定するのでおすすめ）、
川砂、培養土、水平器、ほうき、板（約2cmの厚み ※使用するペンビング資材の長さがあると使いやすい）

1 広さを決める

ざっくりとでよいので、スペースを決めて、土を踏み固めるなどして平らにならします。

2 川砂をまく

川砂を厚さ2cm程度になるようにまきます。

3 川砂をならす

板などで川砂の表面を平らにならします。

4 ペイビング資材をならべる

ここでは正方形の石を並べていきます。石同士の間隔が同じになるように、板などをはさみながら確認するとよいでしょう。

5 水平器で水平を確認

水平器を置いて水平を確認しながら置きます。水平になっていなかったら、下に砂を足したり取ったりしながら調節します。

6 隙間は気にしない

石が敷き終わりました。きっちり地面が埋まらなくても植物を植えるので、気にしなくても大丈夫です。

7 川砂を隙間に入れる

川砂を再び上からまき、ほうきを使って石の間に入れていきます。

8 川砂をしっかり埋め込む

板を使って、隙間にしっかり川砂を埋め込み、石を安定させます。

9 たっぷり水をかける

全体に、水をたっぷりかけて砂を落ち着かせます。

POINT※

植物を植える場合には、さらに、培養土を埋め込む

苗を植えたり、種をまいたりする場合は、さらに培養土を上にまき、7、8の要領で埋め込みます。

テーブルを置いて季節に触れて楽しもう！

小さなテーブルを出してクロスをかければリビングルームに早変わり。
特に、アウトドアが心地よい春と秋は、親しいお友達とお茶をしたり、一人でゆっくり読書をしたり……、身近な自然が意外にも心地よいことがわかります。

5月 EARLY SUMMER

パンジーやビオラ、バラはエディブルフラワー（食用花）です。自分で育てたものならば、安心してケーキにものせることができます。

庭がいちばん華やかになる季節は、お家の中にいるよりも外で過ごすほうがずっと気持ちがよいものです。親しいお友達を呼んで、ちょっとしたティーパーティーを。がんばってつくった庭をながめながらいただくお茶は格別の味わいです。

AUTUMN
10月

残暑が過ぎ去ると同時に、秋色の花が咲き始めて庭がシックな装いに。天気のよい日は、読書をしたり、お手紙を書いたり、テラスをちょっとした書斎代わりにしてもよいですね。日が短いので夕方になったらキャンドルをともしてロマンチックに。

つるバラの実が赤く色づく季節です。クリスマスリースにしたり、種をとり除いてジャムにしたり。

小径をつくってみよう

テラスにするほどのスペースはないけれども中途半端な広さがある場所には、小径がおすすめです。視線を奥に誘導する効果があり、小径の向こうに何があるのか、想像力がかきたてられる素敵なコーナーになります。つくり方の基本はP.100のテラスと同様です。

準備するもの／好みのペイビング資材（大きくて重めのもののほうが安定するのでおすすめ）、川砂、培養土、水平器、ほうき、板（P.100と同様）

1
小径をつくる場所を決める

ここでは、P.100でつくったテラスのさらに奥の余ったスペースを小径にします。

2
表面を平らにする

雑草や石をとり除き、表面を平らにします。足で踏み固めていってもOKです。

3
川砂を敷く

資材を置くスペースに川砂を2㎝の厚みになるように敷いていきます。

4
ペイビング資材を置く

ここでは、テラスづくりであまった正方形の石と、長方形の石を組み合わせて置いていきます。隙間は板などで確認して均一に。

5 カーブをつけて変化を

テラスはまっすぐに石を置いたので、小径はカーブをつけて変化をつけましょう。

6 川砂を詰める

あとは、テラスと同様に、隙間に川砂を詰めます。

楽しい小径で庭にワクワク感をプラス

小径があると、
靴を汚さずに庭を
歩くことができます。
植栽やデザインを工夫して
思わず歩いてみたくなる
ワクワクする
小径をつくりましょう。

このページでつくった小径の両サイドに植栽しました。右の紫色はアンゲロニア、左手前はチェリーセージです。

落ち着きのある石のペイビングは庭へと続く小径です。バラのアーチをくぐるワクワク感も格別です。

レンガをヘリンボーンの形に並べ、さらに右側はジグザグの形に。リズミカルな雰囲気です。

ガーデンシェルフをつくってみよう

外用の棚をつくってみましょう。ペンキの塗り方、
電動ドリルの使い方などのコツがわかれば、いずれは大作も自由自在です。
ガーデンシェルフは庭道具置き場にしたり、お気に入りの鉢や雑貨を飾ったり、
小さなハンギングバスケットをかけたりできて重宝します。

準備するもの／1×6板（※カットサービスのある店でサイズを言ってカットしてもらいましょう）、
木製棚フック、ペンキ（白）、仕上げ用ワックス（クリアー・ダーク）、ハケ、ウエス、ビス、電動ドリル

全体のサイズは、幅600×高さ420×奥行き135㎜。上下各100㎜の位置に棚板をつけています。

板はすべてSPF1×6を使用しています。左から背面板（600×135㎜）3枚、棚板（596×135㎜）2枚、側面（420×135㎜※タテ100㎜のところからやや内側に、斜めにカットしてもらう）2枚、木製棚フック4個、ビス24個

ペンキは下塗りの必要がない「チョークペイント」❶を使用しています。さらに同シリーズの「クリアーソフトワックス」❷、「ダークソフトワックス」❸の順にかけてアンティーク風に仕上げます。

1 ペンキをハケでよく混ぜる

ペンキのふたを開けたら、ハケで底からよくかき混ぜてなめらかにします。

2 ペンキを塗る

ペンキを塗ります。※下塗りが必要なペンキは、下塗りをして乾かしてから塗ります。

3 順番に塗って乾かす

板の表側を塗って、乾かしてから裏面、乾かしてから側面、というようにそれぞれの面を順番に塗って乾かします。

4 ワックスを塗る

仕上げ用のクリアーワックスをウエスにつけて、全体に薄く均一に塗ります。

5 アンティーク仕上げをする

次にダークカラーのワックスを塗ります。わざとムラになるようにランダムにつけて広げていきます。

6 背面の板にビス穴をあける

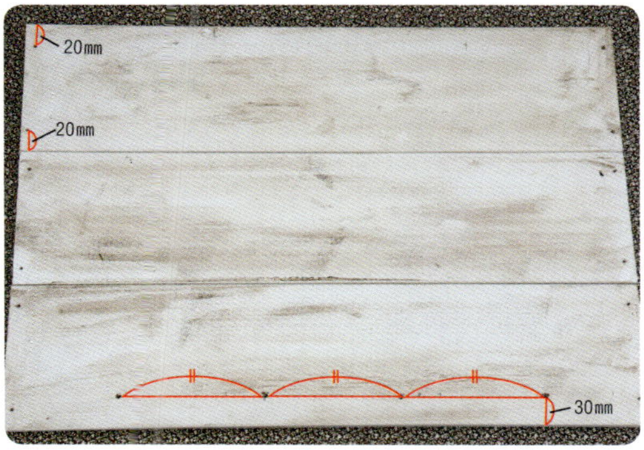

背面の板の両端に2つずつ、いちばん下になる板にはさらにフック用の穴を4つ、電動ドリルであけます。

7 側面の板に背面の板をつける

側面の板の斜めにカットしていない面に、棚板を直角に当ててビスを電動ドリルで打ち込んでいきます。

8 外枠が完成

背面の板3枚を側面の板2枚につければ、外枠の完成です。

9 棚板用の穴をあける

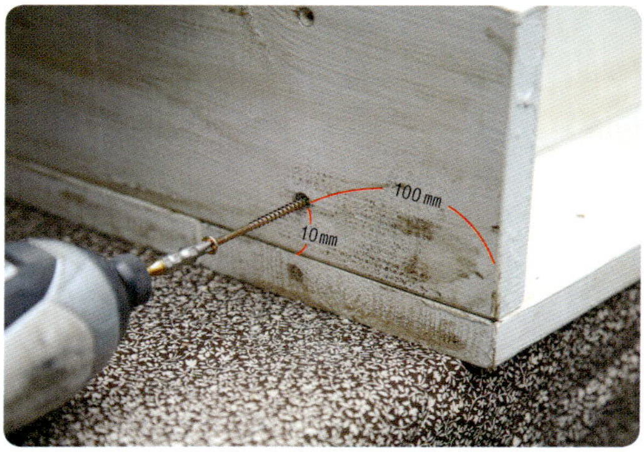

側面の板の上下それぞれ100mmの位置に、棚板用の穴を2カ所ずつあけます。反対側も同様に。

10 棚板をつける

9であけた穴に合わせてビスで棚板を2枚つけます。

11 フックに色をつける

フックはビスを軽くねじこんでからビスをもってペンキ缶の中に入れるとムラなく色がつきます。

12 ウエスでふきとる

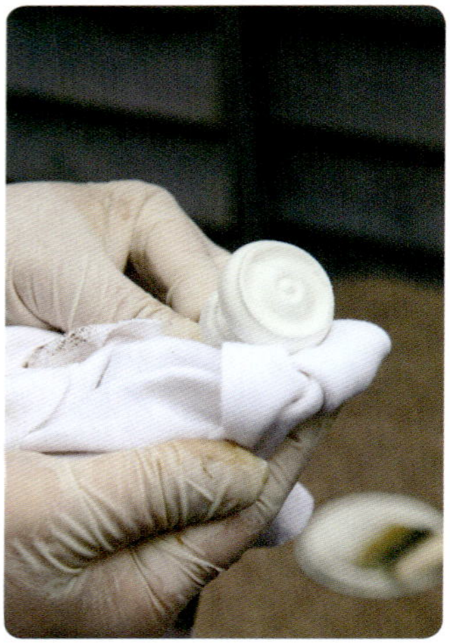

余分なペンキをウエスでふきとってから乾かします。

13 アンティーク仕上げをする

仕上げ用のクリアーワックスをかけ、さらにダークワックスを塗ってアンティーク風にします。

14 フックをつける

背面の板の穴をあけたところにフックを当て、反対側からビスを差しこみます。

15 ビスを締める

電動ドリルでビスをしっかり締めて、フックをとりつけます。

16 吊り穴をあけて完成

上部に２カ所、ひもなとが通せる穴をあければ完成です。アンティーク仕上げをした部分は、時間が経つとより自然な味わいが出ます。

応用

同じ要領でつくったポストのコンテナです。ポスト上の棚板はポスト口に水がかからないように、やや斜め後ろにとりつけるのがポイントです。

ハンギングバスケットをつくってみよう

ハンギングバスケットは、フラワーアレンジメント感覚で
つくることができて、チャーミングな庭のアクセントになります。
水やりをこまめにすることと、生長したら
早めに切り戻し(P.92)をすると長く楽しめます。

バスケットタイプのハンギング編

準備するもの／苗、ハンギングバスケット
(口径30×深さ24cm 、植物で見えなくなってしまうので
軽いプラスチック素材がおすすめ)、
培養土、水ゴケ、鉢底石、土入れ

愛らしいデージーを中心にして、春の野原の一部を切りとったようなハンギング・バスケット。レース・ラベンダーの伸びやかな茎の動きもポイントです。

写真のハンギングバスケットに対してメインの花２種類、葉物２種類を合わせて15ポット程度が目安です。レース・ラベンダー(紫色)、デージー(薄ピンク)、シレネ・ユニフローラ(銀葉)、クローバー・トリュフォリューム(銅葉)。

1 ハンギングバスケットを準備

バスケットの隙間に付属のスポンジシールを貼って準備します。※スポンジシールがないものもあります。

2 鉢底石を入れる

鉢底石を底にひと並べします（厚さ2cm程度）。

3 培養土を入れる

培養土を土入れでひとすくい入れます。

4 苗のボリューム感を調節

苗は株が大きかったら根鉢を割って小さくして入れます。

5 苗を差し込む

スポンジの切れ込みに苗の株元を差し込んで下まで下ろします。

6 下一段を植える

まずは下一段を差し込みます。完成形をイメージしながら、差し込んでいきましょう。

7 表から見て確認

表から見てバランスを確認します。バスケットの前面に丸く植栽されるように植えていきます。

8 培養土を足して2段目を差し込む

根鉢がかぶる程度に培養土を入れ、次の段に苗を差し込んでいきます。この段の中心に入る花がメインになります。

9 表から見て確認

2段目を入れ終わりました。メインになる花としてデージーを、差し色にクローバー・トリュフォリュームを入れています。

10 上部に入れる

培養土を足してからバスケットの上部に苗を入れます。

11 培養土を詰める

株の間に培養土をしっかり詰めて、苗を安定させます。これをしないと根が詰まって生長不良の原因になります。

12 水ゴケを置く

土の流出と乾燥対策に、水で湿らせた水ゴケを置いていきます。その後、水をたっぷり与えてからハンギングします。

リースタイプのハンギング編

準備するもの／ワイヤーリース
(直径30×深さ8㎝、ココヤシシートや
麻布などが敷かれたもの)、培養土、水ゴケ、土入れ、
写真のリースに対してシュガーバイン3ポット、
ペペロミア2ポット、レックスベゴニア3ポット程度

カラーリーフをアクセントに葉だけでつくったリースは、清楚で瑞々《みずみず》しい印象です。花を入れるよりも長く楽しめるのもポイント。

1 培養土を入れる

培養土をリースの深さの1/3程度入れます。

2 株を小さく割りながら入れる

小さい苗以外は、リースの大きさに合わせて根鉢を割って、小さくしながら植えていきます。

3 苗を植えつける

苗を入れ、培養土を足してしっかり植えつけていきます。

4 バランスよく植えていく

ほかの苗も小さくしながら、少し外向きになるようにバランスよく植えていきましょう。

5 つる植物は植え込む位置に注意

シュガーバインのようなしだれる植物は、きれいなラインにしだれる位置を考えながら植え込みます。

6 培養土を詰め込む

すべて植え終わったら、株と株の間に培養土を詰め込んで、苗を安定させます。

7 水ゴケを置く

土の流出と乾燥対策に、水ゴケを土の表面全体をおおうように詰めていきます。

8 たっぷり水を与える

平らに置いたこの状態でたっぷり水を与えてから、ハンギングします。

COLUMN

ドアリースをかけるだけで、玄関ドアが小さな庭に！

玄関ドアにかかっているリースには、住まう人のていねいな暮らしが垣間見えます。ドアをあけるたびに植物の生長を確認するのが楽しみの一つになるはずです。

ガーデンシクラメンの赤と葉ボタン、ケールの深い紫がシックな冬のドアリース。葉物を中心にすることで、長く楽しむことができます。

苗リースの水やり

苗リースに水をやるときは、ドアからはずし地面などに水平において、根に水が届くように苗の間からたっぷり与えます。写真のような葉物中心のリースは、冬期で3〜4日に1回、春〜秋は1〜2日に1回のペースで。

アジサイやユーカリの葉のドライフラワーに姫リンゴやコットンをプラスして実りの季節のリースに。庭の恵みに感謝の気持ちを込めます。

赤く色づき始めたオキナワスズメウリのツルをクルクルとまいてリースに。葉はすぐに枯れてしまうので、実だけにするほうが長もちします。春になったら種をとりだして、土に蒔くことができます。

バラを植えてみよう

「バラは難しそう」というイメージがありますが、
品種改良が進み、病害虫に強い種類が豊富に出回るようになりました。
樹木なので、一度植えると毎年、繰り返し花を楽しむことができます。
「バラを植えたい」という方は、ぜひ、挑戦してみてください。

バラの樹形は3パターン

つる性バラ	半つる性	木立性	
			種類
半つる性が樹高1～2mなのに対し、2～10mと長く伸びて広い面をおおい、圧巻の風景をつくります。秋になると赤い実がたわわにつくものも。	木立性とつる性バラの中間で枝がしなやかに伸びます。木立性のように自立できるもの、つる性バラのように枝先がしだれるものがあります。	枝が自立していて扇状にこんもりと茂ります。四季咲き性が多く、切り戻し(P.92)をすることで初夏から晩秋まで繰り返し咲きます。	特徴
自立できないので壁、フェンスなどの構造物に誘引します。日陰に植えても日の当たるところまで伸びて咲く旺盛な生長力のものもあります。	日本の気候では枝がよく伸びるタイプが多いので、つる性バラと同じように壁、フェンスなどの構造物に誘引するのが一般的です。	日当たりのよい花壇、または深さのある鉢に植えます。横にはあまり広がらないので、狭いスペースでも大丈夫です。	植える場所

バラを庭に植える

つる性のオーギュスト・ジェルベを植えてみます。アプリコット色の八重咲きのバラです。木立性、半つる性も植え方は同様です。

準備するもの／バラの大苗（秋まで畑で育てられた苗で、12月下旬ごろから出回ります）、馬糞堆肥、フェンス、麻ひも、スコップ、ガーデングローブ

1 馬糞堆肥を入れる

大苗の根鉢分の深さ（40～50cm）の植え穴を掘り、底に馬糞堆肥をひとつかみ入れます。

2 根鉢を少し崩して入れる

大苗を鉢から出し、根鉢の底のほうを少しほぐしてから植え穴に入れます。

3 土を戻して土手をつくる

掘り起こした土を戻し、苗をしっかり固定したら、まわりに土の土手をつくります。

4 水をそそぐ

土手のくぼみに水をたっぷりそそいでから、土手を水の中に埋め戻します。

5 フェンスを立てて誘引

つるバラなのでフェンスを立てて誘引します（▶P.118）。フェンスの位置は、株元から30～40cm離すのがポイントです。

3 細い枝を剪定する

細い枝に咲くタイプのバラ以外は、細めのペン、えんぴつよりも細い枝は切ります。

4 元気な芽の上で切る

切る場所は元気な芽の上で、枝に対して垂直に切ります。

5 枝分かれした枝も切る

3本以上に分かれた枝は、元気な枝を2本残して切ります。

つる性バラを誘引する

マダムアルフレッド・キャリエールとラレーヌビクトリアが競演するフェンス。翌年もまた楽しむために12月末～2月上旬ぐらいまでに葉を整理して誘引します。

準備するもの／剪定バサミ、麻ひも、馬糞堆肥、腐葉土、ガーデングローブ

1 葉をすべてとる

残っている葉はすべてとります。手でかんたんにとることができます。

2 誘引をほどく

フェンスに誘引したひもをすべて切ります。

6 誘引する

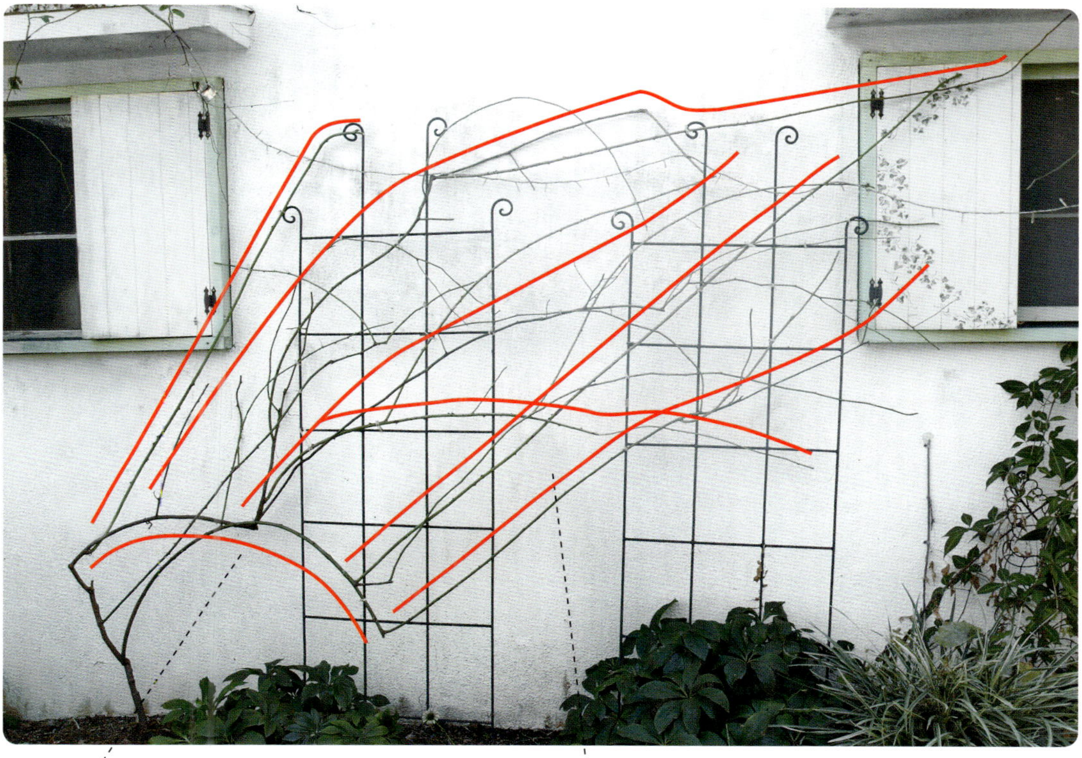

太い枝は斜めに誘引する

太い枝は斜めから真横に誘引することで、
花芽がたくさん出るようになります。

枝同士の間隔はなるべくあける

枝同士の間隔はなるべくあけることで風通しがよくなって芽が生長しやすくなります。

8 腐葉土でおおう

株のまわりを腐葉土でおおっておくと、霜対策になります。

7 追肥をする

株まわり20～30㎝離れたところに10㎝程度の穴を3カ所掘り、馬糞堆肥をひとにぎり入れて、土で埋めます。

鉢植えのバラを植え替える

土の中の栄養分がなくなってしまうので2年に1回は植え替えが必要です。大きくしたくない場合は、同じ鉢に植え替えます。

準備するもの／培養土、堆肥、土入れ、剪定バサミ、ガーデングローブ等

1 葉を落とし剪定する

葉はすべてむしります。木立性バラは、1/2程度の位置で、アーチ形になるように剪定します。つるバラはP.118参照。

2 鉢から株を出す

株元を持ち鉢から株を出してトレーの上などに置きます。

3 根鉢の下のほうをくずす

根鉢の下のほうをくずします。根詰まりしていて硬くなっている場合は底のほうを根切りナイフで切っても可。

4 古い土は使わない

根鉢がくずし終わりました。古い土はバラには使えませんが、根やゴミをとってから腐葉土を3割混ぜ込み、ほかの草花に使うことができます。

5 新しい土で植える

新しい培養土を入れて株を鉢に戻し、植え直します。

6

肥料を入れる

植えつけ後、株元から離れた鉢の周囲３カ所ぐらいを少し掘って肥料をひとにぎり入れて埋めます。

7

植え替えの完了

植え替えの完了です。鉢の縁までたっぷり水を与えましょう。春に芽吹き始めたころに、もう一度、肥料を与えます（下記参照）。

【バラのメンテナンスカレンダー】

	12月〜2月	3月〜11月
バラの1年	植えつけ、植え替え、つるバラの誘引	芽吹き（3月）、つぼみがふくらむ（4月）、開花（5月）、四季咲き、返り咲きは繰り返し開花、秋バラの開花（10〜11月）
水やり	底植えは控えめに	底植えは土の表面が乾いたらたっぷり、鉢植えは一日１回与える
花柄摘み		開花に合わせて行う
切り戻し		繰り返し開花するバラは適宜行う
剪定	冬剪定	夏剪定（四季咲きの木立性の場合）
病害虫対策		つぼみ、新芽につく害虫に注意（3〜4月）、蒸し暑い季節は病害虫に常に注意
施肥	冬剪定、植えつけ、誘引後	芽出し肥（3月）、お礼肥（6月）、夏剪定後（9月）

年4回の植え替えで一年を楽しむ
寄せ植えプラン

土がたっぷり入る大きな鉢は、小さな花壇の感覚。
年4回のかんたんな植え替えで、1年間花の絶えないプランをご紹介します。

10~12月

一年草はイエロー系から秋らしいオレンジ色のガイラルディアに。花に存在感があるので、1種類のみ足して完了。

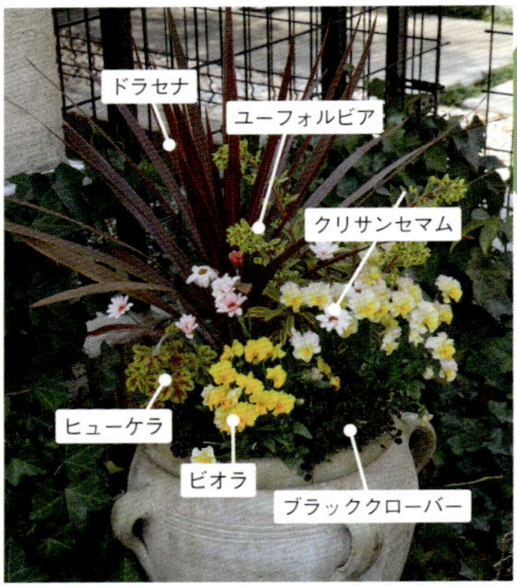

4~6月

個性的なカラーリーフ、ドラセナの細葉を背景に、春の明るさを呼び込むレモンイエローの一年草を植え込んで。

1~3月

秋までの一年草の代わりにガーデンシクラメンとヒースカルーナを。株の間に春球根を植え込んでおいてもよいでしょう。

7~9月

葉色を楽しむヒューケラが生長したことでボリューム感が出てきました。小ぶりな花のみ足して、緑を楽しむ夏の寄せ植えに。

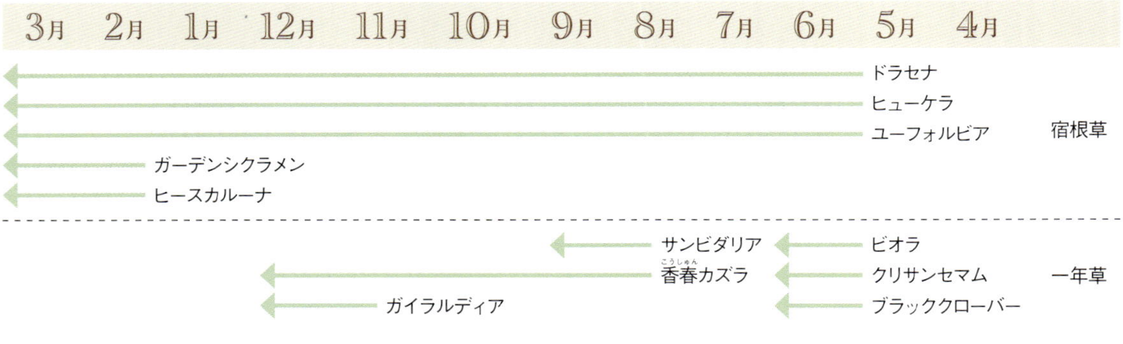

10~12月

カラーリーフのストロビランサスがダイナミックに生長したので、草丈の高いセンニチコウを追加してバランスよく。

4~6月

一年草を中心に春の季節を楽しむ寄せ植えです。中心のシックな紫色がまわりの明るい花を引き立てます。

1~3月

赤系の色を集めて、冬の間の彩りに。宿根草のユーフォルビアをベースに、季節の花を植え替えて楽しむプランです。

7~9月

ベロニカ以外の花が終わり、ユーフォルビア・ダイアモンドフロストを中心に夏の暑さに強い植物に植え替えます。

3月 2月 1月 12月 11月 10月 9月 8月 7月 6月 5月 4月

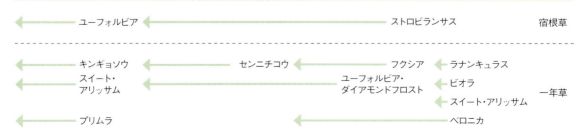

← ユーフォルビア ← ストロビランサス 宿根草

← キンギョソウ ← センニチコウ ← フクシア ← ラナンキュラス

← スイート・アリッサム ← ユーフォルビア・ダイアモンドフロスト ← ビオラ

← スイート・アリッサム 一年草

← プリムラ ← ベロニカ

ローメンテナンスの寄せ植えで季節をもっと身近に

寄せ植え鉢は、土のない場所にはもちろん、
あらゆる場所に置いて気軽に季節を楽しむことができます。
長く咲き続ける花や植えっ放しの宿根草を上手に使って、
ローメンテナンスできれいな状態を保ちましょう。

冬〜初夏まで楽しむ

愛らしい八重咲きチューリップの足元をビオラや宿根ネメシアなどの小さな花たちがとりまき、春の野の風景のよう。冬の間、彩りになっていた葉ボタンのトウが立ち、菜の花に似た花を咲かせているのも手つかずの自然をにおわせます。（撮影した季節：春）

春の野に咲く花をそのままに

1. 八重咲きチューリップ
2. ビオラ
3. 宿根ネメシア
4. 葉ボタン

植えつけ時期▶12月

管理のポイント▶ビオラと宿根ネメシアは植えつけ時から初夏まで咲き続けます。ビオラは茎の根元から花柄を摘み、ネメシアは2節分ずつ切り戻すと、形も乱れずにきれいな形をキープできます。

一年を通して楽しむ

伸びやかなフォルムが美しいキキョウランは一年を通してこの姿を保ちます。初夏は粉雪のようなユーフォルビア・ダイアモンドフロストとロベリアのブルーを差し色にして、花嫁のブーケのようなイメージに。（撮影した季節：初夏）

花嫁が持つブーケのように

1. 斑入りキキョウラン
2. ユーフォルビア・ダイアモンドフロスト
3. ロベリア

植えつけ時期▶初夏

管理のポイント▶ユーフォルビア、ロベリアの花が終わったら、ジニアやインパチェンスのような晩秋まで咲くものに植え替え、晩秋になったら、ビオラやネメシアなど初夏まで咲き続けるものに植え替えます。

冬～初夏まで楽しむ

明るい色に春待ちの想いを込めて

花の少ない早春は、アプローチに明るい色の寄せ植えが一鉢あるだけでも、気持ちがあたたかくなります。ビオラのビビッドな花色に対して、ダークレッドの渋みが効いたチューリップを入れることで、全体に落ち着いた雰囲気が出ます。（撮影した季節：早春）

1. チューリップ
2. ビオラ
3. 宿根ネメシア
4. ガーデンシクラメン

植えつけ時期▶12月

管理のポイント▶ビオラは色数を控えめにし、濃淡をとりまぜることでおしゃれな風景になります。咲き終わりの花から摘んでいけば長く楽しむことができます。

存在感あるゴールドとシルバー

一年を通して楽しむ

スッと背丈を伸ばして咲くユーフォルビア・シルバースワンと、ゴールド色の葉色が美しいヒューケラは一年をとおしてこの美しい葉色を保ち、存在感をつくります。真っ赤なジュエリーのような金魚草をアクセントに。
（撮影した季節：初夏）

❶ユーフォルビア・シルバースワン
❷金魚草
❸ヒューケラ
❹ビオラ

植えつけ時期▶晩秋

管理のポイント▶金魚草とビオラの花期が終わったら、次の季節の一年草に植え替えます。また、ユーフォルビアは花期が終わる夏に切り戻して葉だけにしておくと、翌年もまた開花します。

リーフガーデンに秋の深まり

一年を通して楽しむ

❶コリウス
❷ペラルゴニウムシドイデス
❸アイビーゼラニューム
❹ジニア・プロフュージョン
❺シンギンニア

植えつけ時期▶初秋

管理のポイント▶宿根草は花が終わりかけたら早めに切り戻しをして葉のみにしておくことで、翌年もまた花を楽しむことができます。宿根草にボリュームがあるので、季節の一年草は少量植え込むだけで、絵になります。

アイビーゼラニウムとペラルゴニウムシドイデス、シンギンニアの3種類の宿根草による豊かなリーフガーデン。秋にジニア・プロフュージョンとコリウスを加えれば、秋の深まりを感じる一鉢に。（撮影した季節：秋）

鉢の上で楽しむ紅葉色

秋～初冬まで楽しむ

まぁるい小さなセンニチコウが自由にのびのびと咲く姿にはだれもが元気をもらえます。足元にはコリウスとアルテナンテラを植えて秋らしく。（撮影した季節：秋）

❶センニチコウ
❷コリウス
❸アルテナンテラ

植えつけ時期▶初秋

管理のポイント▶コリウスは主幹が伸びたら、脇芽の上で短めに切り戻すとこんもりとします。センニチコウの花柄を摘みながら管理すれば、初冬まできれいな風景を保つことができます。

著者プロフィール

宇田川 佳子（うだがわけいこ）

園芸店で働きながら、植物やバラ栽培のこと、庭づくりの基本を学ぶ。2001年に「Myu Garden Works」を設立し独立。有機栽培によるローメンテナンスガーデンを得意とし、東京郊外の個人庭の庭づくりを中心に活躍。『園芸ガイド』(主婦の友社)など専門誌に、植栽アイディアや都市型の庭づくりのノウハウの提案も行っている。日本クリスマスローズ協会理事。ナチュラルシードマイスター。共著に『家を飾る小さな庭つくり フロントガーデン』(農山漁村文化協会) がある。

デザイン：中山詳子
撮　　影：今井秀治、内田祐介
イラスト：青山京子
校　　正：みね工房
編　　集：童夢

植物協力：竹間園芸

撮影協力施主(50音順)：
井ノ口寿枝、風戸京子、片倉雅美、鈴木美千代、反田朋子、反田恵美子、反田民子、中山真理、松井冨久子、松尾洋子、水谷園子、山口詔子、山口紀子

商品協力：タカギ／https://hi.takagi.co.jp
　　　　　シャルカ／http://www.rakuten.co.jp/sharuka/

はじめての
小さな庭のつくり方

著　者　宇田川佳子
発行者　富永靖弘
印刷所　公和印刷株式会社

発行所　東京都台東区台東２丁目24　株式会社 新星出版社
〒110-0016　☎03(3831)0743

ISBN978-4-405-08565-7